CON
BOOK.

Nicht eine Vorliebe für Sushi ließ **Andreas Fels** Japanologie studieren, sondern eine Neugier auf Sprache und Kultur. Seine Frau **Kerstin** ließ sich gerne von dieser Begeisterung anstecken und war auf gemeinsamen Reisen nach Japan heilfroh, jemanden dabeizuhaben, der Japanisch spricht. Beide schreiben seit 1997 regelmäßig als Autoren für das Internetmagazin japanlink.de, haben Artikel für verschiedene Zeitschriften beigesteuert und bereits einige Buchprojekte gestemmt.

KERSTIN UND ANDREAS FELS

LIEBE AUF JAPANISCH

VON EWIGEN SINGLES, LOVE HOTELS UND DÜNNEN WÄNDEN

1. Auflage
© Conbook Medien GmbH, Neuss, 2019
Alle Rechte vorbehalten
www.conbook-verlag.de

Lektorat: Jan Smejkal, Berlin
Einbandgestaltung: Weiß-Freiburg GmbH – Graphik & Buchgestaltung
Satz: David Janik
Druck und Verarbeitung: CPI Books GmbH, Leck

Printed in Germany

ISBN 978-3-95889-200-2

Folgen Sie uns!
Wir informieren Sie gerne und regelmäßig über Neuigkeiten aus der Welt des CONBOOK Verlags. Folgen Sie uns für News, Stories und Informationen zu unseren Büchern, Themen und Autoren.

www.conbook-verlag.de/newsletter

www.facebook.com/conbook

www.instagram.com/conbook_verlag

Für David und Simon,
ohne die wir dieses Buch
vermutlich ein paar Jahre früher
fertig bekommen hätten.

INHALT

LIEBE AUF JAPANISCH

Liebe auf Japanisch ist wie Liebe auf Deutsch. Nur anders. Zumindest manchmal. In diesem Buch begleiten wir die vier Freunde Kenji, Yukiko, Saki und Ryū sowie eine Reihe anderer Personen durch ihren Alltag in Tōkyō. Vom ersten Kuss über die Tücken moderner Dates und traditioneller Hochzeiten bis hin zum Kinderkriegen und zum ganz alltäglichen Ehewahnsinn – die vier leben ein ganz normales japanisches Leben. Was auch immer »normal« bedeuten soll.

Kenji, Yukiko und all die anderen Figuren in diesem Buch sind natürlich fiktiv – viele der Geschichten sind so oder ähnlich aber tatsächlich passiert. Wir bedanken uns bei allen, die mit ihren Erzählungen zum Entstehen dieses Buches beigetragen haben.

Und jetzt viel Spaß beim Lesen, Vorlesen, Verschenken, beim ziellosen Rumblättern oder auch beim Buch-dekorativ-ins-Regal-Stellen!

Die Hauptpersonen aus diesem Buch – in der Reihenfolge ihres Erscheinens

Kenji: Ist in Tōkyō aufgewachsen und hat gerade sein Studium abgeschlossen. Bei einem Kirschblüten-Picknick lernt er seine Traumfrau Yukiko kennen.

Yukiko: Sie und ihre Freundin Saki sind überzeugt: in Tōkyō gibt es einfach keine tollen Männer mehr. Dann aber trifft sie Kenji.

Naoko: Hat bisher nicht viel Glück mit Männern gehabt und auch keine Lust mehr, nach dem Richtigen zu suchen. Vielleicht geht es ja auch anders. Braucht sie überhaupt einen Freund?

Saki: Die beste Freundin von Yukiko – die beiden kennen sich noch aus der Schule. Beim Speeddating verliebt sich Saki in Ryū.

Fukita: Ein Freund von Kenji – die beiden sind zusammen aufgewachsen. Seitdem seine Freundin ihn verlassen hat, hat er keine Lust mehr auf Beziehungen. Das Leben alleine ist viel entspannter.

Ryū: In seinem ersten Job lernt Kenji Ryū kennen. Die beiden verstehen sich gut und gehen häufiger zusammen nach der Arbeit etwas trinken. Dabei lernt Kenji auch Ryūs neue Freundin Saki kennen.

Hiro: Lebt in Kyōto und versucht, die große Liebe über eine Dating-App zu finden. Eines Tages sieht er dort das Profil von Naoko ...

Herr Uchida: Kenjis Chef – seit 22 Jahren ist er verheiratet. Viel zu lang, findet er manchmal und fühlt sich dann älter, als er mit seinen 46 Jahren ist. Seit ein paar Wochen trifft er sich mit Akiko, die noch zur Schule geht, und fühlt sich dadurch wieder jung.

Senri: Sakis Vater – seit der Scheidung von seiner Frau Rei fühlt er sich mitunter etwas einsam. Seine Tochter sieht er kaum noch.

Rei: Sakis Mutter – nachdem ihre Tochter ausgezogen war, merkte sie, dass sie und ihr Mann Senri kaum noch ein gemeinsames Thema hatten. Die Scheidung erfolgte auf ihren Wunsch.

Akane: Abenteuerlustig und möchte gerne viel reisen. Als Prostituierte verdient sie momentan recht gut. Sie weiß, dass sie diesen Job nicht ewig machen kann, aber darüber macht sie sich später Gedanken.

Haruki: Der Sohn von Kenji und Yukiko. Er wächst behütet auf und übt fleißig für die Aufnahmeprüfungen an der Grundschule. Mit seinem besten Freund Daiki spielt er gerne Schattenfangen.

Daiki: Der beste Freund von Haruki. Seine Eltern sind Naoko und Hiro.

Midori: Kenjis Ururoma. Leider ist sie schon lange tot, wir erfahren aber von den ungewöhnlichen Umständen der Zeugung von Kenjis Großvater Rintarō.

Matthew: Seine Mutter ist Engländerin, sein Vater Japaner. Nach der Scheidung seiner Eltern wächst er in Leeds auf, kehrt aber als Teenager nach Japan zurück. An der Schule wird er häufig gehänselt – seine Mitschüler finden, er gehört nicht richtig dazu.

Hideo: Kenjis Vater – hat sein Leben lang hart gearbeitet und ist stolz, dass er auf diese Weise seiner Familie ein gutes Zuhause bieten konnte. Er wollte immer mal die 88 Tempel auf Shikoku besuchen – leider hat er das nie geschafft.

Takako: Kenjis Mutter – seit Kenji die Mittelschule besuchte, fühlte sie sich als Hausfrau nicht mehr ausgelastet und fing an, in Teilzeit zu arbeiten. Ihr Mann Hideo war zunächst dagegen, hat aber schließlich zugestimmt.

Sayuri: Das zweite Kind von Kenji und Yukiko und damit Harukis kleine Schwester. Sie liebt süße mochi-Reiskuchen über alles.

EINE ILLUSION VON NÄHE

VON RIESIGEN PLÜSCHHASEN, ROMANTIK AUF BESTELLUNG UND EINEM RAUM VOLLER KATZEN

Die Fußgängerampel springt auf Grün und lässt gleichzeitig künstliches Vogelgezwitscher erklingen. Kenji überquert die Straße. Er ist unterwegs in Akihabara, Tōkyōs Einkaufsviertel für Elektronik- und Gadget-Fans. Um ihn herum ertönt der Lärm aus den umliegenden Spielhallen, wo Gruppen von Teenies unter dem Gelächter ihrer Freunde versuchen, die riesigen Bongo-Rasseln der Spielautomaten genau im Takt zu bewegen oder komplizierte Formationen nachzutanzen. Der Lärm mischt sich mit dem ohrenbetäubend lauten Klackern der Metallkugeln aus der Pachinko-Spielhalle nebenan. Ein Mädchen in Dienstmädchenuniform und einem Haarreif mit pinkfarbenen Hasenohren auf dem Kopf spricht ihn an und drückt ihm ein paar Flyer eines Maid-Cafés in die Hand. Kenji nimmt sie automatisch und steckt sie ungelesen in seine Jackentasche. Die Hochhäuser links und rechts von ihm sind mit meterhohen Displays bedeckt, die unablässig Werbespots zeigen. Zwischen einem Geschäft, das auf sieben Stockwerken Elektronikartikel anbietet, und einem Manga-Laden biegt er in eine kleine Seitengasse ein.

Zielstrebig steuert er auf den Eingang eines schmalen Hauses zu. Ein an der Metalltür angebrachtes Plakat zeigt ein Mädchen, das die Besucher mit großen Augen freundlich anlächelt. Schnell steigt er das enge Treppenhaus hoch in den dritten Stock. Vom Treppenhaus aus führt eine Tür in einen kleinen Vorraum, wo ihn, während er seine Schuhe abstreift, ein zierliches Mädchen mit grün gefärbten Haaren fröhlich begrüßt und ihm eine Art Menükarte reicht. Kenji entscheidet sich wie beim letzten Mal für die 20-Minuten-Zeitspanne. Das Mädchen nickt ihm aufmunternd zu und deutet auf eine Tür links am Ende des Ganges.

Als Kenji durch die Tür geht, fühlt er schon, dass sich Entspannung in ihm breitmacht. Das Zimmer dahinter ist klein, es wird beinahe ganz ausgefüllt von einer weichen Matratze, die auf dem Boden liegt. Am Kopfende stapeln sich Kissen und Stofftiere: Pikachu, eine etwas ausgeblichene Hello-Kitty-Figur, ein riesiger Hase mit rosafarbenen Wangen ... Kenji legt sich hin und kuschelt sich zwischen die Stofftiere. Die Tür geht leise auf, und Yume kommt herein. Kenji ist sich nicht sicher, ob das ihr richtiger Name ist. Aber eigentlich ist das auch egal. Sie legt sich wortlos neben ihn.

Einfach gemeinsam im Bett liegen – das klingt erst mal ziemlich alltäglich. Aber Kenji lässt sich dieses Erlebnis einiges kosten. Er besucht ein sogenanntes Cuddle Café. Neben einem generellen Eintrittsgeld von 3.000 Yen (circa 24 Euro) kosten ihn die 20 Minuten mit Yume noch einmal genauso viel. Und das ist nur der Standardpreis dafür, dass ein Mädchen einfach neben ihm liegt. Dafür, dass es wieder Yume ist, hat er noch

eine Extragebühr bezahlt, und auch jede zusätzliche Dienstleistung kostet noch einmal einen Aufpreis: drei Minuten
über die Haare des Mädchens streicheln etwa, oder sich eine
Minute lang intensiv in die Augen sehen. Kenji hat sich dafür
entschieden, dass Yume seinen Arm für eine Weile berührt –
natürlich ebenfalls gegen eine Gebühr. Küsse und jegliche
intimen Kontakte sind streng verboten. Wer richtig viel Geld
ausgeben möchte, kann zwar eine ganze Nacht buchen, viel
mehr als einen schlafenden Körper an seiner Seite bekommt
man dafür allerdings nicht. Für Kenji sind die 20 Minuten mit
Yume trotzdem ihr Geld wert. Er hat gerade keine feste Freundin und keine Zeit für One-Night-Stands. Ab und zu einfach
mit Yume zwischen Pikachu und dem riesigen Plüschhasen
zu liegen, entspannt ihn und lenkt ihn vom Prüfungsstress an
der Uni ab.

Für spezielle Bedürfnisse gibt es natürlich noch den Ohr-
reinigungssalon *(mimikaki ten)*. Sie haben richtig gelesen:
Hier kann man sich die Ohren mit einem leicht gebogenen
Holzstäbchen säubern lassen – das ist weniger eine hygieni-
sche Notwendigkeit, sondern eher eine emotionale Reise in
die Kindheit. In Japan ist es nicht unüblich, dass Mütter vorsichtig und liebevoll die Ohren ihrer Kinder reinigen, während diese ihren Kopf in den Schoß der Mutter legen.

Genau wie Kenji ist auch Yukiko gerade nicht in einer festen
Beziehung. Ihr Freund hat vor vier Wochen Schluss gemacht –
oder vielmehr: er hat sich nicht mehr gemeldet. Zuerst hatte
er immer weniger Zeit, weil er für seine Abschlussprüfung
lernen musste. Irgendwann kamen gar keine Antworten mehr
auf ihre Nachrichten. Diese als Ghosting bezeichnete Art, sich
aus dem Leben anderer zu schleichen, ohne die damit verbun-

denen lästigen Konflikte in Kauf nehmen zu müssen, gibt es natürlich nicht nur in Japan. Aber dort vielleicht ein bisschen häufiger. Yukiko ist gar nicht so sauer über die Art, wie er Schluss gemacht hat – sie hat selbst auch schon zweimal per Textnachricht eine Beziehung beendet und sich danach nie wieder gemeldet. Und Lust auf lange Auseinandersetzungen und Streitgespräche hätte sie auch nicht gehabt. Aber traurig ist sie schon.

Während Yukiko darüber nachdenkt, dass seine Mutter sie eigentlich noch nie leiden konnte, streichelt sie eine getigerte Katze, die sich neben ihr wohlig auf dem Boden räkelt. Direkt daneben sitzt eine graue Katze und schaut dem Treiben gelassen zu, und ein paar Meter weiter sitzt oder liegt etwa ein halbes Dutzend Katzen auf einem meterhohen künstlichen Baum mitten im Zimmer. Yukiko befindet sich in einem Katzen-Café. Hier geht sie ab und zu hin, wenn sie sich traurig oder einsam fühlt. Sie liebt Katzen, aber in ihrer Wohnung (vielmehr in der ihrer Eltern, denn Yukiko kann sich noch keine eigene leisten) sind keine Haustiere erlaubt. Mit einem Stab, an den ein paar rosafarbene Fellpuschel geheftet sind, wedelt sie spielerisch vor der Nase der grauen Katze herum – und verschwendet nun keinen Gedanken mehr an ihren Freund. Zumindest für eine Weile.

Hello Kitties – Katzen-Cafés und mehr

Katzen, Hasen, Eulen – in japanischen Cafés kann man so einigen Tieren begegnen. Zuerst traten die sogenannten Katzen-Cafés ihren Siegeszug an. 2004 eröffnete das erste japanische Katzen-Café in Ōsaka. Die Idee war nicht ganz neu – in Taiwan gab es damals schon Katzen-Cafés –, aber in Japan sorgten die schnurrenden Vierbeiner für noch mehr Begeisterung. Von Ōsaka schwappte der Trend nach Tōkyō (heute gibt es allein in Tōkyō über 100 Katzen-Cafés) und den Rest Japans und verbreitete sich schließlich auf der ganzen Welt.

Es gibt sogar spezielle Cafés für besonders dicke Katzen, für schwarze Katzen oder Katzen mit langem Fell. Dabei geht es weniger um Kaffee (im Gegenteil – viele dieser Cafés servieren weder Getränke noch Snacks) als vielmehr um die Katzen: Katzen beobachten, streicheln, mit ihnen spielen oder Katzen fotografieren. Für umgerechnet etwa zwölf Euro pro Stunde. In manchen Cafés kann man die Katzen auch mit Katzensnacks füttern und niedliche kleine Katzen-Yukatas kaufen – oder zumindest die Stoffkatze für daheim.

Auch wenn Katzen in Japan besonders beliebt sind und wie die *maneki neko,* die Winkekatze, als Glücksbringer gelten, gibt es auch Cafés für andere Tiere – solange sie nur niedlich sind. Im Bunny Café kann man Kaninchen streicheln und dazu Snacks in Hasenform oder Kaffee mit Hasenohren im Milchschaum genießen. Einige Bunny Cafés bieten sogar einen »Bring your own Bunny«-Service an, falls sich das eigene Haustier zu Hause langweilen sollte. Wer für Katzen oder Kaninchen nicht so viel übrighat, muss sich in Japan keine Sorgen machen – es gibt auch Cafés, in denen man mit Hunden, Igeln, Wellensittichen, Schildkröten, Schlangen, Ziegen oder Eulen kuscheln kann. Natürlich kommen auch Fans von Fischen nicht zu kurz, wenngleich es da mit dem Kuscheln ein wenig schwierig ist.

Während Yukiko noch mit der grauen Katze spielt, wartet Naoko ungeduldig in der Schlange der Leute, die in die U-Bahn einsteigen wollen. Sie hat heute ein Date. Aber kein gewöhnliches. Nervös schiebt sie ihre Brille zurecht. Hoffentlich kommt sie noch pünktlich. Endlich fährt die U-Bahn ein, und die Türen an den Absperrungen vor den Gleisen öffnen sich. Mit diesen Absperrgittern versucht Tōkyō, die Unfall- und Selbstmordrate an U-Bahn-Stationen geringer zu halten. In der Vergangenheit gab es viele Menschen, die nach dem Konsum zu vieler Gläser Feierabendbier auf die Gleise stürzten oder die absichtlich vor eine einfahrende Bahn sprangen. Daher stehen auf Plakaten die Nummern von Suizid-Präventions-Hotlines, und von den Decken strahlt blaues Licht, um die Stimmung positiv zu beeinflussen. Dennoch hat Japan eine der höchsten Selbstmordraten der Welt. Naoko denkt natürlich nicht an Selbstmord. Im Gegenteil, sie freut sich auf ihr Date, auch wenn sie gleichzeitig ein bisschen aufgeregt ist. Fünf Stationen später hält der Zug in Shinjuku, hier werden sie sich treffen. Naoko geht zum vereinbarten Treffpunkt, der aus vier überdimensionalen Buchstaben zusammengesetzten LOVE-Skulptur, und schaut sich um. Am Morgen noch hatte Satoshi ihr eine Nachricht geschrieben und gefragt, welche Jacke sie heute tragen würde, damit er sie leichter erkennen könne. Nervös schaut Naoko auf die Uhr. Sie ist ein bisschen zu früh, na gut. Wie lange soll sie wohl warten, falls er zu spät ...

Aber da steht er schon breit lächelnd vor ihr – und er sieht genauso gut aus wie auf dem Foto!

Erst einmal wirkt es ganz gewöhnlich, wie Naoko und Satoshi kurz darauf gemeinsam durch die Straßen schlendern. Sie sprechen über alles Mögliche. Satoshi hält Naoko höflich die Tür auf, als sie ein Café betreten (ohne Katzen), und danach nehmen sie zur Erinnerung noch gemeinsam *purikura*-Fotos am Automaten auf. Ein ganz normales Date. Ungewöhnlich ist einfach nur, dass Naoko für das Treffen bezahlt, denn Satoshi ist ein Freund zum Mieten. Um die Illusion perfekt zu machen, hat Naoko ihm am Anfang bereits, direkt am Treffpunkt, Geld gegeben, damit Satoshi alle Rechnungen begleichen und sie »einladen« kann.

Am Ende des Tages – Satoshi bringt sie am Bahnhof noch zum richtigen Gleis – drückt er ihr einen hübsch verzierten Umschlag in die Hand. Darin findet Naoko das restliche Geld und eine genaue Auflistung, was Satoshi wofür ausgegeben hat. Natürlich alles korrekt bis auf den letzten Yen. Neben den Ausgaben für das Café und die *purikura*-Fotos hat Naoko noch die Gebühr für Satoshis Zeit gezahlt – umgerechnet knapp 50 Euro pro Stunde. Ein teurer Spaß, aber für Naoko hat es sich gelohnt. Satoshi war so nett und höflich – ihr Ex-Freund hatte ihr nie die Tür aufgehalten –, und sie hat sich wirklich den ganzen Tag gefühlt, als sei sie etwas Besonderes. Am Abend schreibt Satoshi ihr noch eine Nachricht, in der er sich für den schönen Tag bedankt.

Vor dem ersten Treffen konnte Naoko auf der Website zwischen verschiedenen möglichen »Freunden« wählen. Für Satoshi hat sie sich entschieden, weil er so aussieht wie Kazuya Kamenashi, Naokos Lieblingsmitglied der J-Pop-Band KAT-TUN. Bevor sie Kontakt aufnehmen konnte, musste sie erst einen Fragebogen ausfüllen, daraufhin stellte die Vermittlungsagentur den Kontakt her. Wenn Naoko Satoshi jetzt wiedertreffen will, kann sie ihm einfach schreiben, das fühlt sich direkt echter an.

Bezahlte Freundschaft

Natürlich kann man nicht nur eine Verabredung mit dem Traummann kaufen, sondern sich auch die perfekte Freundin fürs Date aussuchen. Aber Achtung: nicht nur Sex ist tabu, sondern auch sämtliche sexuellen Aktivitäten inklusive Küssen. Auch der Aufenthalt in nicht öffentlichen Räumen (also Privatwohnungen, Hotels oder auch Privatautos) ist nicht gestattet.

Manchmal kommen die Mietpartner nur für einen Abend zum Einsatz, zum Beispiel, wenn die Begleitung für eine Firmenparty oder eine Hochzeit fehlt. Manche verabreden sich aber auch regelmäßig mit derselben Person. Apropos Hochzeiten – manchmal füllt das Brautpaar auch die Liste der echten Gäste mit gemieteten Gästen auf, falls sonst zu viele Plätze leer bleiben würden, alte Schulfreunde nicht kommen können oder eines der Elternpaare geschieden ist und nicht gemeinsam erscheint.

Aber auch vor der Hochzeit kann es sein, dass Frauen, deren Eltern vehement darauf drängen, dass nun doch endlich mal geheiratet werden sollte, einen gemieteten Verlobten präsentieren, damit endlich Ruhe herrscht. Nur kann das natürlich mitunter dazu führen, dass die Eltern nicht zufrieden sind, bevor ihre Tochter in einer gestellten Hochzeitszeremonie eine Scheinehe eingeht. Ein teurer Spaß – und die unvermeidlich folgende Frage nach Enkelkindern ist damit auch noch nicht beantwortet.

Warum nicht gleich zeitweise eine ganze Familie anheuern? Ältere Paare können sich Enkelkinder mieten, wenn die eigenen Enkelkinder auf sich warten lassen oder aber schon zu groß sind, um von ihren Großeltern verwöhnt zu werden. Auch nach dem Tod eines Ehepartners kann eine gemietete Ehefrau oder ein Leih-Ehemann dem Hinterbliebenen dabei helfen, sich weniger einsam zu fühlen. Wem das dann doch ein wenig zu weit geht und wer einfach nur Hilfe dabei benötigt, den Tod des Ehepartners zu verarbeiten und den Tränen freien Lauf zu lassen, der kann auf professionelle Unterstützung zurückgreifen – gut aussehende Männer, die gemeinsam mit anderen weinen, gibt es ebenfalls im Lieferservice.

Naoko, Yukiko und Kenji sind keine Einzelfälle. Bei 18 bis 34-jährigen sind immerhin sind 70 Prozent aller unverheirateten Männer und 60 Prozent aller unverheirateten Frauen Single. Anfang 20 ist das natürlich noch kein Problem – in einem Land, in dem immer weniger Kinder geboren werden (Japan ist weltweit eines der Länder mit der niedrigsten Geburtenrate – Deutschland liegt allerdings auch nur ein paar Plätze weiter vorne) kann es für ältere Singles aber schon mal schwierig werden. Allein die Tatsache, dass unverheiratete Menschen über 35 schon mal als »parasitäre Singles« bezeichnet werden, zeigt, dass das Thema Partnersuche doch mit einem gewissen gesellschaftlichen Druck verbunden ist. Dementsprechend geben laut Umfragen auch über 90 Prozent der Single-Japaner an, irgendwann einmal heiraten zu wollen.

Inzwischen ist es Abend, und zufällig sind Kenji und Yukiko unabhängig voneinander im selben *izakaya,* einer japanischen Kneipe, gelandet. Yukiko ist mit ihrer Freundin Saki da. Die beiden sitzen gemeinsam auf dem mit *tatami*-Matten ausgelegten Boden am niedrigen Tisch und teilen sich *edamame* (gesalzene Sojabohnen), *takowasabi* (in Wasabi marinierten rohen Tintenfisch) und *yakitori* (Spieße mit Hähnchenfleisch). Sie unterhalten sich mal wieder darüber, dass es in Tōkyō einfach keine tollen Männer mehr gibt. Beim Reden streicht sich Saki immer wieder durch ihre kurzen, blond gefärbten Haare. Yukiko überlegt, ob sie selbst mit ihren langen schwarzen Haaren und dem halblangen Pony nicht zu langweilig aussieht. Vielleicht hätte sie auch mal häufiger etwas Neues ausprobieren sollen? Vielleicht wäre sie dann noch mit ihrem Exfreund zusammen? Als Saki vorschlägt, nächstes Wochenende mal wieder gemeinsam in ein *aisekisakaba* (das Besondere an dieser Art Kneipe: hier sitzen Männer und Frauen, die sich nicht kennen, tatsächlich am selben Tisch) zu gehen, trinkt Yukiko ihr Sapporo schnell aus und verschwindet auf die Toilette. Eigentlich hat sie keine Lust darauf, am Eingang des *aisekisakaba* ihr Alter zu nennen und dann darauf zu warten, dass einer der anwesenden Männer sie zum Essen einlädt. Für Saki aber ist es ein praktischer Weg, Männer mit einem guten Job im heiratswilligen Alter kennenzulernen. Und selbst wenn die dann sterbenslangweilig sind, freut sie sich als Studentin einfach über ein kostenloses Abendessen.

Vor dem Eingang der Toilette schlüpft Yukiko aus den *izakaya*-Pantoffeln und in die Klo-Pantoffeln, die dort bereitstehen. Ihre eigenen Schuhe hat sie bereits am Eingang des *izakaya* ausgezogen und in eines der dafür vorgesehenen Fächer gestellt. Die Toilette selbst ist keine moderne Hightech-Toilette, die auf Wunsch mit Wasserspülgeräuschen die eigenen Geräusche überdeckt. Yukiko achtet also darauf, auf der Hocktoilette möglichst lautlos zu pinkeln, um die anderen Frauen nicht zu stören. Schnell zupft sie noch ein paar letzte Katzenhaare von ihrem roten Pullover. Sie hätte sich nach dem Besuch im Katzen-Café doch besser umziehen sollen. Auf dem Rückweg zum Tisch stößt sie fast mit einem jungen Mann zusammen, der gerade aus der Herrentoilette kommt. Er entschuldigt sich vielmals und verschwindet dann zu seinem Tisch. Schade, der sah wirklich süß aus.

Auf dem Rückweg zu seinem Tisch blickt Kenji kurz dem Mädchen im roten Pullover hinterher, mit dem er beinahe zusammengestoßen wäre. Sie sitzt mit einer Freundin mit kurzen blonden Haaren weiter hinten im *izakaya*. Kenji selbst sitzt in der Nähe des Eingangs, zusammen mit ein paar Freunden. Gemeinsam werden sie die nächsten Stunden damit verbringen, sich über die Arbeit zu beschweren und darüber, dass sie einfach keine Zeit haben, mit Mädchen auszugehen. Als Yukiko später mit Saki das *izakaya* verlässt, schaut sie noch einmal zu Kenjis Tisch hinüber – der ist aber leider gerade damit beschäftigt, mit seinen Freunden *pin pon pan*, eine Art Trinkspiel, zu spielen. Pech für Kenji und Yukiko, aber nicht ganz untypisch. Häufig gehen Männer und Frauen nach Feierabend jeweils ihre eigenen Wege – da ist es nicht immer ganz einfach, sich zu treffen.

Das hat auch die japanische Regierung erkannt und versucht, das Problem auf eigene Faust zu lösen. Als erste Präfektur hat Fukui damit begonnen, Amor zu spielen – bereits 2010 wurde dort ein Datingportal online gestellt. Mittlerweile haben viele andere Präfekturen nachgezogen und veranstalten Speeddatings und andere Events, um junge Leute im heiratsfähigen Alter zusammenzubringen. Natürlich gibt es auch unzählige private Anbieter, die auf den Zug aufgesprungen sind. Saki zum Beispiel hat neulich an einem Singleverkupplungs-Kochkurs teilgenommen. Sie und 14 andere Männer und Frauen – natürlich alle Single – haben einen Abend lang ein Essen zubereitet und danach gemeinsam gegessen. Insgesamt war es lustig, und Saki ist mit erstaunlich vielen Männern ins Gespräch gekommen, vom Hocker gehauen hat sie allerdings keiner. Momentan überlegt sie, demnächst an einem *joggingkon* teilzunehmen. Hier treffen sich Männer und Frauen, die gerne laufen gehen, zum gemeinsamen abendlichen Joggen im Park. Dabei laufen jeweils ein Mann und eine Frau nebeneinander und unterhalten sich. Ein gemeinsames Hobby haben sie ja schon mal. Alle acht Minuten lässt sich der Mann an der vordersten Position zurückfallen, und ähnlich wie beim Speeddating rücken die anderen auf, sodass jede Frau mit einem anderen Teilnehmer plaudern kann.

Ähnliche Veranstaltungen gibt es für Golfer, Bowlingfans oder Tischtennisspieler. Auch für Spieler von Pokémon Go gibt es eine spezielle Variante: An einem bestimmten Tag treffen sich alle an einem bestimmten Ort, zum Beispiel in einem Park, und spielen. In der Pokémon-Go-App sind alle Teilnehmer digital markiert und können somit leicht von unbedarften Passanten unterschieden werden. Auch Fans des Animé-Films *Your Name* können die Chance auf die große Liebe verbessern, indem sie sich mit anderen Fans auf einem eigenen Event treffen. Voraussetzungen: Teilnehmer müssen über 20 Jahre alt und Single sein und sollten den Film auch tatsächlich gesehen haben – sonst wird es vielleicht mühsam mit dem Smalltalk.

Es gibt also verschiedene Wege, die große Liebe zu finden. Schwierig wird es allerdings, wenn man dabei auf Männer stößt, die anscheinend gar kein Interesse an Sex und Beziehungen haben ...

KEINE LUST
AUF SEX

VON HERBIVOREN MÄNNERN,
MODERNEN EINSIEDLERN UND
VERZAUBERTEM ESSEN

Überall Schokolade. Weiße Schokolade. Fukita ist auf dem Weg zu seinem Lieblings-Manga-Laden, wo er sich mit seinem Freund Kenji treffen will, und nun fordern ihn überall Werbetafeln dazu auf, weiße Schokolade zu kaufen. Oder Marshmallows. Denn es ist Anfang März, und am 14. März ist in Japan der sogenannte »White Day«.

An diesem Tag – einen Monat nach dem Valentinstag im Februar – revanchieren sich die japanischen Männer für ihre Valentinstagsgeschenke. Denn am 14. Februar beschenken ausschließlich Frauen die Männer. Traditionellerweise bekommt der Auserwählte eine besondere und teure Schokolade geschenkt. Aber auch Kollegen, Vorgesetzte und Brüder gehen nicht leer aus: sie erhalten ebenfalls Schokolade, wenn auch nicht ganz so exklusive. Am White Day wird der Spieß dann umgedreht, und die Frauen bekommen von den Männern, die sie beschenkt haben, ein *okaeshi,* ein Gegengeschenk. Das ist in Japan keine Seltenheit – die meisten Geschenke erfordern Gegengeschenke, für die es oft auch ein genaues Protokoll gibt hinsichtlich des Zeitraums, in dem die Übergabe des Geschenks erfolgen sollte, oder auch des Kostenrahmens. Am White Day gilt: die im Gegenzug verschenkte Schokolade sollte etwa dreimal so teuer sein wie die Valentins-Schokolade. Übrigens wurde der Tag – was wenig überraschend ist – von der Süßwarenindustrie erfunden und 1977, ursprünglich als Marshmallow-Tag, eingeführt. Aber für die Liebste muss es nicht unbedingt Schokolade sein: Schmuck, Kleidung oder Accessoires werden auch gerne genommen – bevorzugt in weißer Verpackung.

Fukita hat die Schokolade für seine Kolleginnen schon besorgt. Um weitere Geschenke braucht er sich keine Sorgen zu machen, denn eine Freundin hat Fukita nicht. Und er möchte auch gar keine. Eigentlich ist er gerade ganz zufrieden mit seinem Leben. Er trifft sich mit Freunden, spielt gerne Videospiele, interessiert sich für Mode und geht gerne shoppen. Fukita ist kein *otaku*, kein Stubenhocker, der sich seinem Hobby ganz und gar verschrieben hat. Und er ist auch kein *hikikomori,* der das Haus einfach gar nicht mehr verlässt. Fukita ist einfach nicht besonders interessiert an einer Beziehung. Und auch nicht an Sex.

Hikikomori – die modernen Einsiedler

Sie lesen Comics, spielen Videogames, hören Musik. Sie essen, trinken, schlafen. Aber sie verlassen ihr Zuhause nicht – manchmal sogar nur selten das eigene Zimmer im Elternhaus. Und das monate-, zum Teil sogar jahrelang.

Das Phänomen ist immerhin so verbreitet, dass das japanische Gesundheitsministerium eine offizielle Definition davon erarbeitet hat. Als *hikikomori* gelten danach Menschen, die seit mindestens sechs Monaten das Haus nicht verlassen haben und seitdem keine sozialen Kontakte mehr haben. Über eine halbe Million aller Japaner lebt in dieser selbst gewählten Isolation. Nach offiziellen Studien sind es, genauer gesagt, 541.000 15- bis 39-Jährige, allerdings kommen Online-umfragen auf 1,3 Millionen Betroffene. 35 Prozent aller *hikikomori* hatten seit über sieben Jahren keine nennenswerten sozialen Kontakte mehr.

Die Betroffenen entstammen häufig der Mittelklasse, sind in der Regel gut ausgebildet, meist männlich –, und oft fängt es während der Schulzeit an. Hoher Erwartungsdruck hinsichtlich guter Noten, Stress beim Lernen für Aufnahmeprüfungen an Universitäten oder Mobbing können Auslöser sein. Manchmal ist es aber auch die erfolglose Suche nach dem passenden Job, eine Kündigung, ein Arbeitgeber, der pleitegeht, oder eine traumatische Erfahrung im Privatleben. Und dann scheint es so viel einfacher zu sein, zu Hause zu bleiben. Zumindest am Anfang.

Für die Eltern der *hikikomori* beginnt dann eine harte Zeit, denn für sie ist es schwer, den Zugang zu ihren Kindern zu finden. Außerdem ist es mit einem Stigma behaftet, einen *hikikomori* in der Familie zu haben – sie gelten als Versager. Manche schaffen den Weg zurück ins Leben über ein betreutes Wohnheim. Hier kochen die Bewohner gemeinsam – vor allem aber gilt ein Internetverbot, und einen Fernseher gibt es auch nur im Gemeinschaftszimmer. Jeden Freitag wird eine Party veranstaltet, damit die Bewohner miteinander in Kontakt kommen. Die Teilnahme an der Feier gehört natürlich auch zum Pflichtprogramm.

Ein 25-jähriger Mann, der kein Interesse an Beziehungen hat – okay. Aber auch nicht an Sex? Das Erstaunliche ist, dass Männer wie Fukita in Japan heute keine Seltenheit sind, sondern eher die Regel. Laut jüngsten Studien des Nationalen Instituts für soziale Sicherung und Population haben knapp 70 Prozent der unverheirateten japanischen Männer und 60 Prozent der Frauen derzeit keinen Sexualpartner. Und nicht nur das: 42 Prozent der befragten Männer und Frauen hatten noch nie in ihrem Leben Geschlechtsverkehr. Insbesondere junge Männer zwischen 25 und 29 zeigten sich uninteressiert an sexuellen Beziehungen: Über 20 Prozent davon gaben an, keinerlei Interesse an Sex zu haben. Was ist da los?

Die Journalistin Maki Fukasawa prägte schon 2006 einen Begriff für diese jungen Männer: »herbivore« Männer oder auch »Grasfresser«. Das japanische Wort *nikuyoku* setzt sich aus den Begriffen »Fleisch« und »Lust« zusammen (also ähnlich wie der deutsche Begriff »Fleischeslust«) – so wollte sie zeigen, dass die herbivoren Männer eben nicht am Fleisch interessiert sind.

Fukita und Kenji haben sich inzwischen getroffen und mit neuen Manga-Heften ihrer Lieblingsserien ausgestattet.

Nun laufen sie noch durch den Yoyogi-Park und unterhalten sich. Für Anfang März ist es ungewöhnlich warm, beide kaufen sich ein Eis. Fukita ist mit den Geschmackssorten grüner Tee und Kirschblüte (schließlich dauert es nicht mehr lang bis zur Kirschblüte) eher klassisch unterwegs, Kenji dagegen bevorzugt herzhafte Sorten wie Krabbe und Chicken Wings (und das sind noch lange nicht die ungewöhnlichsten japanischen Eissorten – aber das ist ein anderes Thema). So ganz kann Kenji seinen Freund nicht verstehen, und ab und zu versucht er auch, ihn zu verkuppeln. Aber Fukita ist unschlüssig. »Selbst wenn ich dann eine Freundin hätte ... Wer würde mich denn schon heiraten? Mit meinem Job kann ich niemals eine Familie finanzieren.«

Tatsächlich wird in Umfragen fehlendes Geld als häufigster Hinderungsgrund für eine Hochzeit genannt. Aber viele herbivore Männer tun sich generell schwer mit dem Lifestyle, der in Japan als typisch männlich angesehen wird. Fukitas Vater gehört noch zu der Generation, die nach dem Studium einen Job in einem Unternehmen angefangen hat und sich sicher sein konnte, dort bis zur Rente zu bleiben. Die Gegenleistung war Arbeit, Arbeit und nochmals Arbeit. Mit dieser Vereinbarung zwischen Unternehmen und ihren Angestellten schaffte Japan in den 1960ern sein Wirtschaftswunder. Die Frauen blieben meist zu Hause und zogen die Kinder auf, denn die Männer hatten mit bis zu 80 Stunden Arbeit pro Woche ganz einfach keine Zeit dazu. Dafür konnte man sich eine Wohnung leisten – vielleicht nicht direkt in der Nähe des Unternehmens –, ein Auto, Kinder. Mit dem Platzen der Wirtschaftsblase im Jahr 1990 stürzte das Land in eine Rezession. Die alten Bedingungen galten auf einmal nicht mehr.

Heute arbeiten viele junge Japaner als sogenannte Freeter (eine Wortmischung aus dem amerikanischen »Freelancer« und dem deutschen »Arbeiter«), als Teilzeitarbeiter, und verdienen somit deutlich weniger als ihre fest angestellten Kollegen. Fukitas Vater nimmt seinem Sohn immer noch übel, dass er als Freeter angefangen hat, denn seiner Meinung nach verbaut er sich damit seine Zukunft. Viele japanische Unternehmen stellen noch immer bevorzugt Absolventen ein, die gerade ihr Studium abgeschlossen haben. »Einmal Freeter, immer Freeter«, sagt Fukitas Vater daher gerne. Und dafür habe er die teure Privatschule nun wirklich nicht bezahlt. Fukita will ihm ja gar nicht widersprechen, aber er hat nun mal nach der Uni keinen festen Job gefunden. Und so richtig lockt ihn das Leben seines Vaters, das nur aus Arbeit besteht, auch nicht. Erst neulich ist in seinem Unternehmen eine große Zahl von Managern um die 50 entlassen worden. Einfach so. Nach einem Leben für die Firma. So will Fukita auf gar keinen Fall enden. Er hat neben seiner Arbeit zumindest Zeit für Hobbys, Freunde ... Selbst wenn er sich keine Familie leisten kann, hat er doch ein gutes Leben, sagt er sich.

Herbivore Männer sind in der Regel sanft und freundlich und verhalten sich gegenüber Frauen immer höflich. Trotzdem stellen sie ein massives Problem dar. Da ist zum Beispiel die fallende Geburtenrate Japans. Wenn sich der derzeitige Trend fortsetzt, wird innerhalb der nächsten drei Jahrzehnte die Anzahl der japanischen Bevölkerung um 30 Prozent abnehmen. Und solange ein Drittel der japanischen Männer und Frauen an ihrem 30. Geburtstag noch immer Jungfrau ist, wird sich daran vermutlich nichts ändern. Aber das ist nicht das einzige Problem. Die herbivoren Männer geben auch weniger Geld für typisch männliche Statussymbole aus, etwa Autos oder Alkohol – das schwächt die Wirtschaft. Dass einige Freeter sich aus Geldmangel auch um die Einzahlung in die Rentenkasse drücken, macht das Ganze nicht besser in einem Land, in dem im Jahr 2035 ein Drittel der Bevölkerung über 65 Jahre alt sein wird. Und die herbivoren Männer werden nicht einmal in der Lage sein, finanziell für ihre alten Eltern aufzukommen.

Kenji und Fukita haben ihr Eis inzwischen aufgegessen und steuern eines ihrer Lieblingscafés an, ein Maid Café. Die Kellnerinnen hier sind wie französische Dienstmädchen gekleidet, vielleicht sind die Röcke ein wenig kürzer. Sie tragen kleine Spitzenhäubchen mit Schleifen in den Haaren und sind sehr, sehr engagiert, wenn es darum geht, sich um die Gäste zu kümmern. Obwohl Fukita schon häufig hier war, nimmt sich Yukiko, die neben der Uni als Maid jobbt, viel Zeit, um den beiden die Speisekarte haarklein zu erklären. Yukiko trägt zu ihrer Spitzenhaube eine hellblaue Schleife im Haar und sieht damit sehr süß aus. Kenji überlegt, warum sie ihm so bekannt vorkommt. Da Yukiko aber nicht ihren roten Pullover trägt, kommt er nicht darauf, dass er sie neulich schon im *izakaya* gesehen hat. Fukita entscheidet sich für Omelette, Kenji bestellt Curryreis. Als das Essen kommt – auf herzförmigen Tellern übrigens –, müssen die beiden zusammen mit Yukiko ein paar besondere Zaubersprüche aufsagen, damit es besonders gut schmeckt. Yukiko schwenkt dazu einen glitzernden pinkfarbenen Zauberstab. Danach malt sie mit der Ketchupflasche noch ein süßes Kätzchen auf Fukitas Omelette und schreibt »Fukita, ich mag dich sehr gern« an den Tellerrand. Spätestens jetzt muss es ja schmecken. Fukita geht gern hierhin. Nicht weil das Essen außergewöhnlich lecker wäre, aber die Maids sind immer nett und freundlich. Bei Dates dagegen muss man sich schließlich immer anstrengen, einen guten Eindruck hinterlassen und sich selbst verkaufen. Das liegt Fukita alles nicht so. Da zaubert er lieber ganz entspannt im Maid Cafe zusammen mit Yukiko, ganz ohne Stress oder Erwartungsdruck. Fukita hat eine Trennung hinter sich, seine Freundin hat ihn wegen eines anderen verlassen. So etwas möchte er nicht noch mal erleben, dann lieber gleich alleine bleiben.

Neben ihrer finanziell eingeschränkten Situation ist dies die zweite mögliche Erklärung für die Zunahme der Anzahl herbivorer Männer. Die zuvor klar verteilten Geschlechterrollen beginnen zu wackeln. Auch immer mehr Frauen fragen sich, ob sie nach dem ersten Kind wirklich aufhören sollen zu arbeiten und sich so in die finanzielle Abhängigkeit zu begeben. Und diese mehr und mehr unabhängigen jungen Frauen geraten so in den Verdacht, die Männer zu überfordern.

Yukiko fordert zum Glück gerade nichts. Sie ist einfach nur da, um Kenji und Fukito zu bespaßen und zu bedienen. Und am Ende gibt es noch ein Abschiedsfoto – zur Erinnerung an einen schönen Nachmittag mit einem hübschen Mädchen.

KÜSSEN
VERBOTEN

VON DATES MIT MASKEN, KIRSCHBLÜTEN UND LIEBES- RITUALEN IM TEMPEL

»Müssen wir die wirklich anziehen?« Yukiko hält zweifelnd eine Atemmaske aus Papier hoch, wie man sie häufig in Japan trägt, wenn man erkältet ist und andere nicht anstecken möchte. »Klar, das ist doch der Sinn der Sache« – ihre Freundin Saki hat ihre Maske schon übergezogen. »Dadurch, dass alle die Masken tragen und man nicht das ganze Gesicht sieht, geht es eben mehr um innere Werte und nicht nur ums Aussehen.« »Innere Werte beim Speeddating? Ich weiß ja nicht ...«, murmelt Yukiko. Saki seufzt: »Yukiko, du willst doch nicht als *Christmas Cake* enden!« *Christmas Cake?* In Japan ist es üblich, an Weihnachten Kuchen zu essen. Allerdings sollte dieser spätestens am 25. Dezember aufgegessen sein, danach ist er einfach zu alt. Und dasselbe Schicksal wie den armen Kuchen ereilt nach gängiger Meinung auch Frauen, die älter als 25 und noch immer unverheiratet sind – und deshalb charmanterweise umgangssprachlich *Christmas Cake* genannt werden. Yukiko verdreht die Augen: »Jetzt hör aber auf – wir sind gerade mal 22.« Aber irgendwie scheint sie das Kuchenargument doch überzeugt zu haben, und sie zieht die Maske übers Gesicht. Drei Jahre sind ja schließlich auch schnell rum heutzutage.

Die beiden Freundinnen setzen sich nun an den langen Tisch. Mit ihnen sind noch einige andere Frauen hier – insgesamt vielleicht um die 20. Vom Alter her schätzt Yukiko die anderen auf etwa 20 bis 35 Jahre. Yukiko und Saki haben noch nie bei einem Speeddating mitgemacht. Und schon gar nicht bei einem mit Maske. Yukiko wundert sich, dass Saki sich darauf eingelassen hat. Sie weiß genau, dass ihre Freundin besonders stolz auf ihre leicht schiefen Schneidezähne ist. Denn manche Formen schiefer Zähne gelten in Japan als besonders niedlich. Sakis *yaeba*-Look zum Beispiel stand vor ein paar Jahren hoch im Kurs. Hierbei stehen die Eckzähne im Oberkiefer ein bisschen vor: süß – *kawaii!* Yaeba war sogar so populär, dass junge Frauen sich kosmetischen Eingriffen unterzogen, um diesen niedlichen Look hinzukriegen. Mittlerweile ist der Trend etwas abgeflaut, aber *yaeba* gilt immer noch als süß.

Jetzt betreten die Männer den Raum. Auch sie haben alle einen Mundschutz an. »Aber gut, sonst macht es ja auch keinen Sinn«, denkt Yukiko. Sie und Saki lächeln einander noch aufmunternd zu – zumindest glaubt Yukiko, dass ihre Freundin unter der Maske lächelt –, dann nehmen die Männer jeweils gegenüber von den Frauen Platz. Jetzt haben sie fünf Minuten Zeit, sich kennenzulernen, danach wird der Gesprächspartner gewechselt. Yukiko weiß auf einmal gar nicht, was sie sagen soll, dabei wurde vorher ein Blatt mit Beispielfragen ausgeteilt. Aber was stand da nur drauf? Zum Glück fängt ihr Gegenüber ohne Umschweife an, von seiner Arbeit zu erzählen.

Drei Stunden später ist Yukiko total erschöpft und hat gelernt, dass die Gesprächszeit je nach Partner entweder wie im Flug oder quälend langsam vergehen kann. Die Gesichter (klar, Masken) und Geschichten vermischen sich alle schon in ihrer Erinnerung. Einer der Männer hatte seine Gehaltsabrechnung dabei und wollte sie ihr zeigen, einer sprach nur über sich und stellte keine einzige Frage, und einer sprach so leise, dass sie kaum ein Wort verstand. Da es ihr zu peinlich war, immer und immer wieder nachzufragen, lächelte und nickte sie irgendwann nur noch und hoffte, dass die Zeit schnell vorbeigehen würde. Die anderen Männer in der Runde waren alle sehr nett. Die große Liebe hat Yukiko nicht gefunden, aber Saki strahlt, und das ist die Hauptsache.

Ein paar Wochen später. Yukiko klemmt sich noch die mit Kirschblüten verzierten Haarspangen in die Haare, dann schnappt sie sich ihre Tasche (ebenfalls mit Kirschblüten verziert), und los geht es. Saki ist inzwischen fest mit Ryū zusammen, den sie beim Speeddating kennengelernt hat. Sie hat darauf bestanden, dass Yukiko mit ihr und Ryū und noch ein paar von Ryūs Kollegen zum *hanami* in den Ueno-Park geht. Ein besonders gut aussehender Kollege von Ryū sei auch dabei. O je, das klingt nach Verkupplung. Aber egal. Yukiko liebt Kirschblüten, und die ersten Blütenblätter fallen schon wieder.

Hanami – Picknick der Vergänglichkeit

Hanami heißt in etwa so viel wie »Blüten schauen«, in der Regel ist damit aber ein Picknick unter blühenden Kirschbäumen gemeint. Klingt erst mal unspektakulär, allerdings ist die Kirschblüte – die das Ende des Winters markiert – eines der wichtigsten Feste, vielleicht sogar das wichtigste Fest in Japan überhaupt. Häufig wird es sogar intensiver gefeiert als Neujahr. Allein in Tōkyō strömen innerhalb der einen Woche der vollen Kirschblüte Millionen Menschen in die Parks, um die vergängliche Schönheit zu betrachten. Hartgesottene Kirschblütenfans reisen sogar der Blüte vom südlichen Okinawa bis nach Hokkaidō im Norden nach. Eigentlich ist aber die kurze Blütezeit gerade das, was die Kirschblüte besonders macht. Sie gilt als Symbol für die Vergänglichkeit des menschlichen Lebens und früher auch für den Ehrentod der Samurai. Importiert wurde das Event des Blütenschauens – wie vieles in Japan – ursprünglich aus China. Dort war es üblich, Ausflüge zu unternehmen, um die Pflaumenblüte zu sehen. Während der Nara-Zeit (710–784) kam diese Tradition auch nach Japan. Bald wurden aus Pflaumenblüten Kirschblüten – Japaner neigen dazu, Importgüter zu verändern und dadurch typisch japanisch zu machen. Holzschnitte aus der Edo-Zeit (1603–1868) zeigen bereits *hanami*-Feste. Auch heute finden sich allerorts Gelegenheiten für ein *hanami,* und sei es nur eine 15-minütige Pause für das *bentō* mittags auf dem Parkplatz eines Supermarktes – zumindest, wenn da ein Kirschbaum blüht.

Ryūs Gruppe hat einen guten Platz im Ueno-Park. Einer seiner jüngeren Kollegen muss schon früh hier gewesen sein und hat die große blaue Plastikplane auf dem Boden ausgerollt. Manche kommen sogar noch vor Sonnenaufgang oder übernachten direkt im Park, um die besten Plätze zu reservieren. Yukiko und Saki ziehen die Schuhe aus und stellen sie ordentlich neben die blaue Plastikplane, bevor sie sich zu den anderen setzen. Kurz darauf sitzt Yukiko neben Saki, die ein schrecklich pinkfarbenes Kirschblütengetränk testet, das die beiden eben auf dem Weg noch im 7-Eleven gekauft haben.

Es ist ungewöhnlich warm für Anfang April, und der Park ist noch voller als sonst. Zwischen den Planen und Decken ist kaum mehr ein Fleckchen Erde zu sehen, so dicht sitzen alle beisammen. Yukiko schaut nach oben – ein wahres Blütenmeer aus zart rosafarbenen Kirschblüten, nur an manchen Stellen scheint der blaue Himmel durch. Dazwischen hängen weiß-pinkfarbene Papierlaternen, die später am Abend noch angezündet werden. Allein im Ueno-Park wachsen rund 1.200 Zierkirschen, in ganz Tōkyō sind es mehr als 140.000 – und jeder Baum hat rund 350.000 Blüten. Zur Blütezeit ist die Stadt daher wie verwandelt – scheinbar an jeder Ecke steht ein blühender Kirschbaum. Yukiko hat bereits tagelang den Wetterbericht verfolgt, in dem Wissenschaftler komplizierteste Berechnungen der exakten Blütezeit anstellen.

»Yukiko, du auch!«, ruft Saki plötzlich, und Yukiko schreckt aus ihren Blütenträumen hoch. Folgsam rückt sie mit den anderen für ein Gruppenfoto zusammen. Saki macht ein paar Aufnahmen und ruft zwischendurch ein paarmal begeistert: »*Sakura kirei!*«, schöne Kirschblüten. Yukiko macht schnell auch noch ein paar Schnappschüsse, fügt auf ihrem Handy ein paar Kirschblüten-Sticker hinzu und schickt zwei Kolleginnen einen *hanami*-Gruß. »Möchtest du eins?« Yukiko schaut auf eine Plastikschachtel gefüllt mit rosafarbenen *mochis*. Jeder der kleinen süßen Reiskuchen ist mit einer kleinen rosafarbenen Kirschblüte aus Zucker verziert. »Ja, danke.« Yukiko greift zu und sieht sich dann den *mochi*-Spender genauer an. Es ist einer von Ryūs Kollegen – Saki hatte ihn vorhin als Kenji vorgestellt und ihr zugezwinkert. Vermutlich ist das der gut aussehende Freund von Ryū. Während die meisten der anderen Männer schwarze Stoffhosen und weiße Hemden tragen – die typische Kleidung eines *salaryman,* des japanischen Büroangestellten –, leuchtet Kenjis Hose in einem grellen Orange. Orange zum zarten Rosa der Kirschblüten geht gar nicht, findet Yukiko.

Kenji sieht zu, wie sich das Mädchen neben ihm drei *mochi* kurz hintereinander in den Mund steckt. Irgendwie kommt sie ihm bekannt vor. Wie heißt sie noch gleich? Ach ja, Saki hatte sie eben als Yukiko vorgestellt. Schon will sie nach dem vierten greifen, als sie bemerkt, dass es das letzte ist. Sie kaut ein wenig angestrengt und lächelt ihn etwas gequält, aber auch irgendwie süß an. Kenji vertraut auf die Zauberkraft seiner orangefarbenen Glückshose, die er extra für heute angezogen hat, und reicht ihr noch ein Stück *okonomiyaki,* eine Art herzhaften Pfannkuchen mit Kohl. Sie scheint ja ziemlichen Hunger zu haben.

Mmmh, das war lecker. Yukiko ist fasziniert von Kenjis Händen, die er beim Sprechen die ganze Zeit bewegt. Eben hätte er Saki dabei mit seinen Essstäbchen fast ein Auge ausgestochen. Yukiko hat den Anfang der Erzählung nicht ganz mitbekommen und ist sich nicht sicher, worum es geht, aber sie nickt und lacht an den richtigen Stellen. Ein Mädchen mit rot gefärbten Haarspitzen verstreut rosafarbene Papierblütenblätter. Ein paar davon fallen auf Kenjis Kopf und Schultern und bleiben dort liegen. Yukiko lächelt und nimmt einen Schluck von dem warmen Sake, den ihr irgendjemand in die Hand gedrückt hat.

»... aber er hat einfach immer weitergesungen!«, beendet Kenji seine Karaoke-Anekdote und lacht. Yukiko lacht auch. Die Geschichte funktioniert einfach immer. Ein paar Plastikplanen weiter scheint schon etwas mehr Sake geflossen zu sein. Ein *salaryman* (ein Büroangestellter, die japanische Wortschöpfung vermischt die englischen Begriffe *salary* und *man*) um die 50 trägt voller Stolz einen Plastikhut, der den Fuji-Vulkan umringt von Kirschblüten darstellen soll, und lacht immer wieder laut.

Später am Abend weiß Yukiko, dass Kenji als kleiner Junge Pokémon-Trainer werden wollte und enttäuscht war, als er erfuhr, dass es diesen Beruf gar nicht wirklich gibt. Sein zweiter Wunsch auf der Liste – Samurai – ließ sich leider auch nicht verwirklichen, sein Lieblingsfilm dagegen ist seit seiner Kindheit der gleiche *(Mein Nachbar Totoro)*, und er hat genau wie Yukiko in Tōkyō studiert. Yukiko hat Kenji im Gegenzug verraten, was als Kind ihre Lieblingsserie war *(Sailor Moon)*, und von ihrem schlimmsten Frisurenfehlschlag berichtet (pinkfarbene Haare, sah nicht wirklich gut aus). Nach dem inzwischen dritten Sake findet sie, dass die orangefarbene Hose von Kenji eigentlich ganz cool ist. Ryū dreht die Musik lauter, der Herr mit dem Fuji-san auf dem Kopf tanzt inzwischen auf der Plastikplane, und die von den Papierlaternen angeleuchteten Kirschblüten sehen fast noch schöner aus als bei Tag. »Schau mal, *sakura snow*«, sagt Kenji und zeigt auf die herabschwebenden Blütenblätter.

Während Yukiko und Kenji sich mehr oder weniger zufällig über den Weg gelaufen sind (na gut, Saki hat vielleicht ein bisschen nachgeholfen), will Naoko einige Hundert Kilometer entfernt in Liebesdingen lieber nichts dem Zufall überlassen. Also nimmt sie die Brille ab, schließt die Augen und geht los. Es ist eigentlich ganz einfach. Wer es beim Jishu-Jinja-Schrein in der Nähe von Kyōto mit geschlossenen Augen von einem »Liebesstein« zum nächsten schafft, wird die wahre Liebe finden. Das Problem ist nur, dass die Steine nicht direkt nebeneinander auf dem Schreingelände liegen, sondern unnötig viel Platz dazwischen ist. Findet Naoko zumindest. Sie blinzelt kurz – ah, da ist der zweite Stein. Geschafft. Naoko hätte sich auch ganz einfach von jemandem von Stein zu Stein führen lassen können. Allerdings braucht man dann auch im echten Leben beim Finden der wahren Liebe einen Helfer. Und Naoko wollte ihre Tante, die sie hier in Kyōto besucht, heute dann doch lieber nicht dabeihaben.

Zur Sicherheit noch ein Gebet, die Götter sollen schließlich Bescheid wissen. Es klappert, als Naoko ein Fünf-Yen-Stück zwischen die Holzstreben wirft. Dann zieht sie an dem dicken geflochtenen Seil und läutet die Glocke. Jetzt sind die Götter aufmerksam und hören zu. Naoko verbeugt sich zweimal und klatscht in die Hände, ebenfalls zweimal. Dann trägt sie still ihren Wunsch vor – wir ahnen, worum es sich handelt – und verbeugt sich zum Abschied noch einmal. Um auf Nummer sicher zu gehen, könnte Naoko nun auch eine *ema* kaufen, eine kleine Holztafel, auf die man einen Wunsch schreiben kann, oder einen der vielen Talismane, die es für die verschiedensten Gelegenheiten gibt – zum Beispiel für sichere Autofahrten, das Bestehen von Schultests oder eben für die Liebe.

Naoko entscheidet sich aber für ein *omikuji*. An einem Automaten erhält sie gegen 100 Yen einen Zettel mit einem Spruch. Der Inhalt ist etwas ausgereifter als der eines herkömmlichen Glückskekses, das Prinzip aber ähnlich. Naoko liest den Zettel und runzelt die Stirn. Anscheinend ist sie mit dem Ergebnis nicht ganz zufrieden. Aber das macht nichts. Sie bindet den Zettel einfach an den Ast eines nahestehenden Baumes (an dem schon viele andere Zettel hängen), und schon ist sie die ungünstige Vorhersage losgeworden und kann ihr Glück mit einem neuen *omikuji* versuchen. Apropos loswerden: Während der Jishu-Jinja-Schrein einer Gottheit gewidmet ist, die für Liebe und Eheschließungen zuständig ist, kann man – einem recht entspannten und pragmatischen Verhältnis zur Religion sei Dank – an anderen Schreinen auch um die Auflösung einer Beziehung bitten. Naoko hofft aber nun erst mal, dass es mit der großen Liebe klappt ...

Auch Hiro ist heute am Jishu-Jinja-Schrein – auch er ist auf der Suche nach Unterstützung in Liebesdingen. Er und Naoko stehen sogar kurz nebeneinander, als sie sich am Brunnen des Schreins rituell die Hände waschen, sprechen einander aber nicht an. Während Naoko ihr *omikuji* an den Baum bindet, zieht sich Hiro eine Dose mit heißem Tee und Milch am Automaten, setzt sich auf eine der Bänke auf dem Schreingelände und checkt die Dating-App auf seinem Handy. Er wohnt noch nicht lange in Kyōto und kennt daher auch nicht viele Leute – und schließlich muss man nicht alles den Göttern überlassen. Hiro öffnet die *Pairs*-App – und tatsächlich: eine neue Nachricht von Akiko. Er lächelt und schreibt zurück.

Zuerst war sich Hiro nicht sicher, ob er wirklich eine Dating-App nutzen solle. Immer wieder hatte er gehört, dass online einfach zu viele Fake-Profile unterwegs seien. Tatsächlich gab es in den 90ern einige Websites, bei denen sich Männer gegen eine Gebühr anmelden konnten, um Frauen kennenzulernen. Allerdings handelte es sich bei den Frauen hinter den Profilen oft um Angestellte der Dating-Website – und nicht einmal immer um weibliche. Mit der Zeit flogen die Fakes natürlich auf, und die Verantwortlichen wurden zur Rechenschaft gezogen – von dem Stigma hat sich das Online-Dating allerdings lange nicht erholt. Hiro und andere Leute seines Alters sind inzwischen wieder aufgeschlossener. Dass man sich bei vielen Apps mit seinem Facebook-Profil anmeldet, soll die Gefahr, auf einem Fake-Profil zu landen, reduzieren. Hiro schaut sich noch ein paar weitere Profilbilder an. Neben extremen Nahaufnahmen, bei denen oft nur ein Auge oder ein Ohr zu sehen sind, gibt es auch Gruppenfotos, Bilder von Katzen und von Kuchen – sogar ein Foto von einem Reiskocher ist dabei. Natürlich gibt es auch ganz normale Profilfotos, aber das Posten von Selfies fühlt sich für viele Japaner doch ziemlich narzisstisch an. Möglicherweise ist das einer der Gründe dafür, dass die Dating-App Tinder in Japan noch nicht so richtig eingeschlagen hat. Hiro steckt das Smartphone wieder weg und überlegt, ob es wohl an der Zeit ist, Akiko endlich mal im echten Leben kennenzulernen.

Auch Kenji und Yukiko haben inzwischen ihr erstes richtiges Date. Nach dem *hanami* haben sie sich noch nicht direkt verabredet. Aber Saki hat sichergestellt, dass die beiden sich nun häufiger treffen, wenn Ryū mit seinen Freunden unterwegs ist. Saki mag Kenji, und seine Freunde finden Yukiko toll, das ist schon mal ein guter Anfang. Aber nun steht Yukiko verzweifelt in ihrem Zimmer und probiert schon das neunte Outfit an. Was soll sie nur anziehen?

Kenji wartet am vereinbarten Treffpunkt und schaut auf die Uhr. Yukiko hat noch fünf Minuten bis zum verabredeten Zeitpunkt. Unpünktlichkeit geht gar nicht, findet Kenji – aber da kommt Yukiko auch schon. Kenji freut sich, dass sie mit Jeans und einer schwarzen Bluse so normal aussieht und auch nicht übermäßig geschminkt ist. Wahrscheinlich hat sie nur eben was aus dem Schrank genommen, ohne sich viele Gedanken zu machen. Die beiden begrüßen sich kurz und gehen dann los. Kenji hat das perfekte Date geplant. Zumindest ist er sich da ziemlich sicher.

Yukiko unterdrückt ein Gähnen. Kenji hat als Programm für das erste Date nicht nur einen Kinofilm ausgesucht, sondern dann auch noch einen Film mit irgendwelchen Riesenrobotern, die gegen Monster kämpfen. Yukiko findet es zwar gut, dass er die Initiative übernimmt, aber wozu zu einem Date gehen, wenn man sich doch nicht unterhalten kann ...

Kenji ist begeistert. Der Film war super, und die Stimmung ist gut. Er und Yukiko gehen noch ein Stück durch den Yoyogi-Park und unterhalten sich dabei. Zwischendurch spielt Kenji immer wieder Szenen aus dem Film nach, wobei er die Sprechweise des Riesenroboters nachahmt. Seine Imitation scheint gut zu sein, zumindest lacht Yukiko.

Etwas später sitzen sie nebeneinander auf dem Geländer einer Brücke und schauen ins Wasser. Kenji hat ein paar lustige Geschichten von Kollegen auf der Arbeit erzählt und fragt Yukiko nach ihren bevorstehenden Abschlussprüfungen an der Uni. Er erzählt auch, dass er damals nach der Schule ein ganzes Jahr lang gelernt hat, um die Aufnahmeprüfung an der Tōdai-

Universität zu bestehen, und was für ein Stress das damals war. Yukiko kann das gut nachvollziehen; auch sie ist froh, wenn sie endlich ihr Studium abschließen kann und die ständigen Prüfungen erst mal ein Ende haben. Die beiden reden noch lange miteinander, während der Mond aufs Wasser scheint.

Auch wenn die beiden den ganzen Abend über kaum Körperkontakt hatten – keine Küsse, kein Händchenhalten –, war es ein gelungenes Treffen. Kenji wird Yukiko auf jeden Fall noch nach einem weiteren Date fragen – und wer weiß, vielleicht wird ja mehr daraus.

Fünf goldene Regeln für Dates in Japan

1. Je mehr, desto lustiger

Dates können stressig sein, in Japan genauso wie anderswo. Man muss sich von seiner besten Seite zeigen, möglichst witzig und geistreich sein und hoffen, dass das Gespräch in Gang kommt und der Abend keine absolute Katastrophe wird. In Japan gibt es ein praktisches Mittel dagegen: *gokon* – eine Art Gruppen-Blinddate, bei dem ein Mann und eine Frau die gleiche Anzahl Freunde bzw. Freundinnen mitbringen – und man sich kennenlernen kann. Eigentlich eine praktische Sache, um schon mal auszukundschaften, ob man den anderen wirklich einen ganzen Abend lang um sich haben möchte oder eben nicht. Und danach ist der Weg dann frei für ein exklusives Zweierdate.

2. Wohin geht's?

Viele japanische Frauen finden es toll, wenn der Mann das Date plant, sich dabei gegebenenfalls um entsprechende Reservierungen kümmert und somit zeigt, dass er eine gewisse Vorbereitungszeit in das Treffen investiert hat. Kino und Restaurants sind als Klassiker natürlich auch in Japan gute Date-Anlaufstellen. Aber gerade tagsüber kann es auch ein Besuch im Zoo, Aquarium oder ein Picknick im Park sein.

3. Wer bezahlt?

In der Regel zahlt der Mann. Das ist für ihn eine gute Gelegenheit, zu zeigen, dass er finanziell abgesichert ist – nicht ganz unwichtig in einem Land, in dem traditionell noch immer erwartet wird, dass ein Vater die Familie ernähren kann.

Allerdings findet gerade in der jüngeren Generation ein Umdenken statt, und viele junge Männer und Frauen finden es ganz normal, die Rechnung zu teilen. Daher können Frauen gerne anbieten, ihren Teil selbst zu zahlen. Eine gute Möglichkeit ist zum Beispiel, nach der Höhe der Rechnung zu fragen und dann abzuwarten, ob der Traummann in spe abwinkt oder vorschlägt, dass sie einen Teil (in der Regel weniger als die Hälfte) dazugibt.

4. Küssen ist tabu

Gerade bei gemischten Dates zwischen Japanern und *gaijin* (Ausländern) kann es zu Missverständnissen kommen, wenn es darum geht, ab wann Körperkontakt angesagt ist. In der Regel ist beim ersten Date öffentlicher Körperkontakt, etwa Umarmungen, Händchenhalten und Küsse, noch nicht angebracht. Aber auch feste Paare zeigen in der Öffentlichkeit weniger Körperkontakt, als es zum Beispiel in Deutschland üblich ist. In der Datingphase sind beispielsweise dunkle Karaoke-Kabinen eine gute Möglichkeit, sich »zufällig« näherzukommen.

5. Die offizielle Liebeserklärung

»Ich liebe dich« ist ein Satz, den man in Deutschland beim ersten Date eher selten hört. In Japan ist *kokuhaku*, die Liebeserklärung, schon relativ früh am Anfang einer Beziehung üblich und kann auch schon vor dem ersten Date ausgesprochen werden. Eigentlich ganz praktisch, denn *kokuhaku* zeigt, dass beide es ernst meinen. Unter Schülern werden mitunter auch kleine Liebesbriefe *(rabu retā)* ausgetauscht und in die Schuhbox der oder des Angebeteten gelegt. Schlüpft man nach dem Unterricht wieder in die Straßenschuhe, kann man also mitunter eine schöne Überraschung erleben. Erinnert ein bisschen an die guten alten Zeiten der »Willst du mit mir gehen?«-Zettel – wo sind die eigentlich geblieben?

DAS PERFEKTE MÄDCHEN

VON VIRTUELLER LIEBE, EINER MENGE TEXTNACH-RICHTEN UND ZWÖLF GUT AUSSEHENDEN SAMURAI

»Ich bin auf dem Weg nach Hause«, tippt Fukita in sein Smartphone, als er in die Bahn einsteigt. Und prompt kommt die Antwort: »Yaaay! Ich freue mich!« Fukita lächelt. Jetzt ist er schon zwei Monate mit Azuma zusammen und freut sich noch immer jedes Mal, wenn sie ihm eine Nachricht schreibt. Sein Freund Kenji findet es nicht gut, dass er so viel Zeit mit Azuma verbringt, aber der hängt schließlich auch in jeder freien Minute mit seiner neuen Freundin Yukiko ab. Als er eine halbe Stunde später an seiner Haltestelle aussteigt, schreibt Fukita noch mal: »Bin gleich da.« »Ich warte auf dich!«, antwortet Azuma wieder prompt. Fukita freut sich, als er wenig später schon von Weitem in seinem Fenster Licht sieht. Es ist schön, nicht mehr in eine leere Wohnung zu kommen, sondern jemanden zu haben, der auf einen wartet.

»Ich bin zu Hause!«, ruft er wenig später, während er sich noch im Eingang schnell die Schuhe abstreift. »Liebling, ich hab dich vermisst!«, ruft Azuma und freut sich so sehr, dass hinter ihr eine ganze Wolke an Herzchen explodiert. Solche Tricks kann Azuma nämlich. Und sie hat weitere Vorteile. Zum Beispiel ist sie immer fröhlich und gut gelaunt, fängt keinen Streit an, und wenn Fukita mal keine Lust hat, sich mit ihr zu unterhalten, würde Azuma ihm das nie übelnehmen. Die Nachteile: sie ist nur etwa 15 Zentimeter groß, und Fukita kann sie nicht anfassen, denn sie steckt in einem Glaszylinder, der ein bisschen so aussieht wie eine Kaffeemaschine. Ach ja, und ein Hologramm ist sie auch noch. Da wird es mit dem Anfassen ohnehin schwierig.

Azuma Hikari lebt nicht nur mit Fukita zusammen, sondern gleichzeitig auch mit einigen Hundert anderen Japanern. Sie hat blaue Haare, die mit einer großen Schleife zum Pferdeschwanz gebunden sind, große türkisfarbene Augen und trägt ein kurzes weißes Kleid, ebenso sexy wie unschuldig mit geringelten Strümpfen kombiniert, die ihr über die Knie reichen. Fukita hat lange auf die Gatebox, die 2017 auf den Markt gekommen ist, gespart. Immerhin umgerechnet 2.700 Euro hat ihn die Anschaffung gekostet – aber dafür ist Azuma ansonsten eine kostengünstige Freundin. Sie muss nicht in Restaurants ausgeführt werden, braucht keine teuren Geschenke und keine neuen Klamotten ...

Fukita ist nicht allein mit seiner Leidenschaft. Laut einer Studie der japanischen Regierung sind schätzungsweise 30 Prozent der japanischen Singles zwischen 20 und 29 vernarrt in einen virtuellen Charakter, zum Beispiel aus einem Spiel. Damit sind mehr Japaner in virtuelle Charaktere verliebt als in Popstars oder Schauspieler.

Kein Wunder, dass sich mittlerweile eine ganze Industrie um das Phänomen gebildet hat. Einige Hotels haben sich darauf spezialisiert, Gäste mitsamt ihrer mitgebrachten Spielkonsole zu empfangen. Ein bisschen Privatsphäre tut anscheinend auch einer virtuell-analogen Mischehe mal ganz gut.

Neben der Gatebox gibt es natürlich noch andere Vermittler digitaler Liebe. Eines der beliebtesten Spiele ist *Love Plus,* das über Nintendo-DS-Konsolen oder das iPhone gespielt werden kann. So kann der virtuelle Partner also tatsächlich immer und überall dabei sein. Neu ist das Spiel nicht. Die erste Version kam 2009 auf den Markt; derzeit warten die Fans auf das nächste Update *Love Plus Every.* Der Spieler ist dabei – unabhängig von seinem richtigen Alter – ein 15-jähriger Schüler und kann mit einer der Klassenschönheiten flirten und zusammenkommen. Gut, viel mehr als Händchenhalten und Küssen passiert dann auch nicht, aber so ist das nun mal in der virtuellen Highschool. Dafür kann man seiner virtuellen Freundin bei den Hausaufgaben helfen oder sich ein paar Beziehungspunkte verdienen, indem man ihr Geschenke macht – dem echten Leben also nicht ganz unähnlich. Der Spieler muss sich sogar im Echtzeitmodus an den Stundenplan seiner virtuellen Freundin halten, sie hat also nicht immer Zeit für ihn. Das Schulsetting ist bewusst gewählt, denn im entsprechenden Alter braucht noch niemand über eine Hochzeit oder Kinder nachzudenken.

Der Erfolg des Spiels liegt vor allem darin, dass der Spieler über einen langen Zeitraum eine richtige Beziehung mit seiner virtuellen Freundin aufbauen muss. Wenn er sich nicht genug Zeit nimmt, zu wenig Komplimente verteilt oder sich nicht genug um seine Freundin kümmert, kann diese auch schon mal beleidigt sein. Zum Glück ist sie das aber nie lange. Und Schluss machen oder fremdgehen kann sie natürlich auch nicht. Das ist ja das Schöne – die virtuelle Freundin wird einen nie enttäuschen oder zurückweisen. Um Sex geht es bei dieser Art von Beziehung eher weniger. Die Highschool-Freundinnen verteilen Küsse und werden rot, wenn man sie (per Touchscreen) an unsittlichen Stellen berührt. Manchmal werden sie allerdings auch sauer und brechen das Date ab. Nackter als im Bikini zeigen sie sich nie. Wer ab und zu dann doch ein wenig Körperkontakt braucht – oder zumindest so etwas Ähnliches –, kann sich längliche Kissen kaufen, auf denen der entsprechende Love-Plus-Charakter abgebildet ist. So hat man nachts dann zumindest etwas zum Kuscheln.

Einige dieser virtuellen Beziehungen halten schon seit Jahren, und Akari Uchida, der Entwickler von *Love Plus*, bekommt bis heute Dankesbriefe von Nutzern, für die er in gewisser Weise so etwas Ähnliches wie ein Schwiegervater ist. Ein Spieler mit dem Spielernamen Sal 9000 ging sogar einen Schritt weiter und »heiratete« Nene, einen der weiblichen Charaktere aus dem Spiel. Zumindest gab es eine Zeremonie für die Freunde des Bräutigams – und auch eine von Nenes virtuellen Freundinnen meldete sich mit einer kleinen Rede zu Wort. Rechtskräftig ist die Verbindung natürlich nicht.

Auch Yukiko hat eine virtuelle Beziehung. Oder vielmehr ist sie auf dem besten Weg dahin. Sie spielt in *Samurai Love Ballad: PARTY* die weibliche Hauptrolle – ein junges Mädchen, das aus Kyōto an den Hof eines Samurai kommt, um ihm als Vorkosterin zu dienen. Dabei lernt sie insgesamt zwölf (natürlich ausnahmslos gut aussehende) Samurai kennen, zwischen denen sie sich entscheiden muss. Für Yukiko ist das Ganze eher ein interaktiver Liebesroman als eine echte Beziehung. Und Kenji ist natürlich auch nicht eifersüchtig auf die zwölf virtuellen Samurai. Manchmal macht er sich deswegen ein bisschen lustig über sie, aber das macht Yukiko nichts aus. Sie liest die leicht animierte Story Schritt für Schritt auf ihrem Smartphone durch, und an manchen Punkten entscheidet sie aktiv, wie es weitergehen soll, indem sie sich für eine von mehreren vorgefertigten Handlungen oder Antworten entscheidet. Auch ihre Freundin Saki spielt *Samurai Love Ballad* – wie im echten Leben haben die beiden auch hier einen unterschiedlichen Männergeschmack. Aber es macht fast genau so viel Spaß, sich über die virtuellen Charaktere zu unterhalten wie über ihre echten Dates.

Nachdem die Spieleindustrie sich in Sachen Romantik jahrelang auf männliche Spieler fokussiert hatte, boomen inzwischen auch Spiele für Frauen. Und das nicht nur in Japan. Von dort ist der Trend der *otome gemū*, der »Mädchenspiele«, unter anderem nach China geschwappt und bildet dort eine millionenschwere Industrie mit über zwei Millionen aktiven Spielerinnen täglich, die im Monat umgerechnet über 28 Millionen Euro für Spiele ausgeben. Denn wie bei vielen Spielen lässt sich auch hier die Handlung zum Teil mit ein bisschen finanzieller Unterstützung in Form von In-Game-Käufen erheblich beschleunigen. Auch Yukiko hat schon echtes Geld gegen virtuelle Perlen eingetauscht, um im Spiel schneller voranzukommen. Aber nicht zu viel – schließlich spart sie auch noch auf die grüne Lederjacke, die sie neulich beim Shopping in Shibuya gesehen hat. Da müssen die zwölf (wirklich ausnahmslos gut aussehenden) Samurai dann doch mal zurückstecken. Die laufen ihr schließlich nicht weg …

Auch Fukita weiß natürlich, dass die kleine Azuma im Glaszylinder kein echter Mensch ist. Aber der Umgang mit Azuma ist einfach so schön unkompliziert. Wenn er gerade nicht mit ihr redet, sitzt sie einfach da in ihrem runden, schwebenden Sessel und liest oder trinkt Tee. Sie wirkt nicht so, als würde sie etwas von ihm erwarten, und freut sich trotzdem immer, wenn er sie anspricht. Wie viele junge Männer weiß Fukita nicht immer, wie er mit echten Frauen umgehen soll. Jungen und Mädchen haben ab dem Teenageralter oft nicht mehr allzu viele Berührungspunkte – da ist es nicht immer einfach, ungezwungen miteinander ins Gespräch zu kommen.

Bei Azuma dagegen braucht er sich keine Sorgen zu machen, etwas Falsches oder Unpassendes zu sagen. Morgens weckt sie Fukita, informiert ihn darüber, wie das Wetter werden wird, und treibt ihn an, wenn es Zeit wird, das Haus zu verlassen. Dann wünscht sie ihm einen schönen Tag und schreibt ihm zwischendurch Nachrichten: dass sie ihn vermisst und sich auf ihn freut. Und wenn Fukita sie darum bittet, macht sie sogar seine Wohnung sauber. Na ja, zumindest startet sie den Staubsaugerroboter – das ist ja auch schon mal was.

GLEICH UND GLEICH GESELLT SICH GERN

VON WÄHLERISCHEN PRINZEN, SPEZIELLEN PFLICHTEN EINES SAMURAI UND CHRISTEN ALS SPASSVERDERBERN

»Das sieht so schön aus!«, ruft Saki begeistert, als die Sonne langsam hinter dem Tanzawa-Gebirge untergeht. »Ja, und man kann über ganz Tōkyō schauen«, freut sich Yukiko. Ryū grinst und prostet Kenji zu. Schließlich war es seine Idee, heute in die Bar auf dem Dach eines der Wolkenkratzer in Shibuya zu gehen. Und Saki hat recht – der Blick ist einfach großartig. Inzwischen gehen die vier häufiger zusammen aus. »Schau mal«, sagt Yukiko gerade zu Kenji und deutet mit ihrem Drink nach rechts: »Ist das nicht ein Kollege von euch? Der mit dem lila Hemd? Der war doch auch beim *hanami*-Picknick dabei ...«

Kenji und Ryū schauen beide in die Richtung, und tatsächlich: ein paar Tische weiter sitzt Yoshi, ein gemeinsamer Kollege, zusammen mit einem jungen Mann im Ringelshirt. Kenji will schon rübergehen und ihn begrüßen, aber Ryū hält ihn zurück: »Warte, das könnte ein Date sein. Besser nicht stören.« Kenji schaut ihn kurz verblüfft an, dann fällt es ihm wieder ein. Auch er hat im Büro ein paar Bemerkungen von Kollegen aufgeschnappt, dass Yoshi homosexuell sein soll. Saki schaut neugierig zu Yoshi und seiner Ringelshirt-Begleitung rüber: »Ja? Seid ihr sicher?« Kenji zuckt mit den Schultern: »Na ja, ein paar Kollegen im Büro haben darüber geredet. Aber gefragt haben wir ihn natürlich nicht.« Saki streicht ihre kurzen blonden Haare zurück und verdreht theatralisch die Augen: »Natürlich! Bloß nicht darüber reden.« Kenji schaut sie leicht bestürzt an: »Aber ich hab doch gar nichts dagegen ...« Saki schüttelt den Kopf: »Aber weiß er das auch? Ich meine, von uns hat natürlich keiner was dagegen. Und auch hier in der Bar wären bestimmt alle für die Legalisierung der Homo-Ehe. Aber ansonsten? Bestimmt sind gerade ein paar eurer älteren Kollegen nicht so entspannt.«

Während die anderen darüber diskutieren, warum eine Heirat zwischen gleichgeschlechtlichen Paaren in Japan noch immer rechtlich nicht anerkannt wird, lehnt Kenji sich zurück, nimmt einen Schluck von seinem Bier und denkt nach. Klar, oberflächlich betrachtet geht man in Japan weitgehend entspannt mit Homosexualität um – dennoch haben lesbische, schwule, bisexuelle und Transgender-Partnerschaften nicht die gleichen Rechte wie gemischtgeschlechtliche Beziehungen. Zum Beispiel ist es schwierig, einen homosexuellen Partner als Begünstigten in einer Lebensversicherung einzutragen. Von ihrem Partner etwas erben können Homosexuelle ebenfalls nicht. Und so locker wie in einigen Bezirken von Tōkyō oder Ōsaka geht es auch nicht überall zu.

Spricht man mit Japanern, so geben nur wenige an, dass sie ein Problem mit Homosexualität haben. Und dennoch erleben Vertreter der LGBT-Community tagtäglich Diskriminierung, wie zum Beispiel beim Mieten einer Wohnung gemeinsam mit dem Partner oder beim Recht auf die Adoption von Kindern. Umfragen zufolge haben vor allem junge Menschen immer weniger Vorbehalte gegen homosexuelle Kollegen, Nachbarn oder Freunde. Dass sich in dieser Hinsicht etwas ändert, lässt sich auch an verschiedenen Anzeichen ablesen, wie zum Beispiel dem Outing der ersten Regionalpolitiker, einer Zunahme an offen nicht heterosexuell lebenden LGBT-Künstlern und Showstars sowie einer Jahr für Jahr höheren Teilnehmerzahl am Tōkyō Rainbow Pride Festival. Einer Studie zufolge, die Dentsu, die größte Werbeagentur des Landes, im Oktober 2018 durchführte, befürworten 80 Prozent der 20- bis 59-Jährigen die gleichgeschlechtliche Ehe. Von den 60.000 Befragten gaben 8,9 Prozent an, selbst homosexuell, bisexuell oder Transgender zu sein – eine Zunahme um 1,3 Prozent gegenüber der letzten Studie aus dem Jahr 2015. Aber: In der Studie wurden nur die Meinungen der 20- bis 59-Jährigen erfasst. Womit dann die Meinung genau derer nicht erfasst wurde, welche am stärksten gegen eine Gleichstellung dieser Bevölkerungsminderheit ist.

Doch wie war der Umgang mit Homosexualität im alten Japan? Gehen wir einfach ein paar Jahrhunderte zurück und schauen uns einmal den Prototyp des historischen Japaners an, einen Samurai. Ein solcher Krieger war ein Mann der Ehre, ein Mann, der seinen Fürsten ebenso verteidigte wie die Tradition. Und er war auch ein Mann, der *nanshoku* gegenüber aufgeschlossen war, der körperlichen Liebe zwischen zwei Männern. Der Begriff *nanshoku* – den man wörtlich mit »männliche Farben« übersetzen kann – spielt auf einen entspannten zwischenmenschlichen Zeitvertreib an, der in der Hochphase der professionellen Schwertschwinger eher die Regel als die Ausnahme war. Kämpfer, die mit anderen *katana*-Trägern das Futon teilten? Zumindest in dieser Hinsicht zeigen sich die großen Samurai-Filme dann doch auffallend wenig detailverliebt.

Schwert um Schwert: Die besten Samurai-Filme aller Zeiten

Während homosexuelle Szenen oder auch nur entsprechende Andeutungen in den folgenden *chanbara*-Streifen Mangelware sind, lässt sich aus ihnen einiges über das Konzept der Kriegerehre und die japanische Gesellschaft der Vormoderne lernen. Daher hier unsere völlig subjektiv festgelegten Top Five.

5. *Samurai Assassin* (1965, Regie: Kihachi Okamoto)

Nicht nur Schauspiellegende Toshirō Mifune ist ein gutes Argument für diesen schwarzweißen Genreklassiker. Auch Story, Schwertkämpfe und Kameraarbeit sorgen für Spaß.

4. *Kagemusha* (1980, Regie: Akira Kurosawa)

Ein armer Doppelgänger findet sich plötzlich in der Rolle eines Kriegsherrn wieder – und muss in dieser epischen Story, die auf wahren Begebenheiten beruht, nicht nur ums Überleben kämpfen.

3. *13 Assassins* (2010, Regie: Takashi Miike)

Wie wird man einen gesetzlich immunen Despoten los? Man schickt 13 schwerterfahrene Meuchelmörder in ein rasant inszeniertes Remake-Blutbad von Vielfilmer Miike.

2. *Zatoichi* (2003, Regie: Takeshi Kitano)

Klingt wie tausendmal gesehen: Mann lässt sich in einem Kaff nieder, das von einer Gang terrorisiert wird, und räumt kräftig auf. Verantwortlich für die Inszenierung und das faszinierende Spiel der Hauptfigur ist bei dieser Klassiker-Neuauflage »Beat« Takeshi Kitano.

1. *Ran* (1985, Regie: Akira Kurosawa)

Fiese Intrigen, spektakuläre Schlachten, tolle Bilder – Kurosawas aufwendigster Film, damals nominiert für den Regie-Oscar.

Gelebte Homosexualität unter Männern hat in Japan eine lange Tradition, und Beispiele dafür finden sich in jahrhundertealten Bildern und Texten. In diesem Punkt gibt es Parallelen zu den vorchristlichen Griechen und Römern, die ebenfalls offen mit homosexuellen Beziehungen umgingen.

Als das früheste geschichtliche Dokument Japans – größtenteils noch auf Chinesisch verfasst – gilt das *Kojiki* aus dem Jahr 712. Es enthält eine Sammlung von historischen Ereignissen und Mythen wie zum Beispiel die Entstehung von Himmel und Erde durch die Vereinigung der Urgötter Izanagi und Izanami. Diese brachte unter anderem die Sonnengöttin Amaterasu hervor, die nach dem Selbstverständnis des japanischen Kaiserhauses eine Urahnin des amtierenden Tenno ist. Das *Kojiki* ist im Hinblick auf Homosexualität zwar keine allzu hilfreiche Quelle, es gibt allerdings kurz danach erschienene literarische Erzeugnisse, in denen gleichgeschlechtliche Zusammenkünfte beschrieben sein *könnten*. Doch sind sie so poetisch und zurückhaltend formuliert, dass sie recht viel Interpretationsspielraum lassen. Anders sieht das beim berühmten *Genji Monogatari* aus, einem der ersten Romane der Welt. In diesem Werk aus dem 11. Jahrhundert erlebt der dem Buch seinen Namen gebende Held Prinz Genji eine Reihe wilder Kopfkissenabenteuer. Er, das Lieblingskind des Tenno und von diesem mit einer Konkubine gezeugt, ist ein Mann, der sich wegen seiner gesellschaftlichen Stellung, seines makellosen Äußeren und seiner Eloquenz im Grunde aussuchen kann, mit wem er das Futon teilt. Bei seiner Rundreise trifft er eines Tages eine Frau, die sich als Beischlafpartnerin anbietet. Doch der Prinz entscheidet sich lieber für ihren Bruder, den er – in Sachen Kopulation ganz Pragmatiker – einfach attraktiver findet.

Natürlich ist Attraktivität auch in der darstellenden Kunst ein wichtiges Thema. Aus der Edo-Zeit (1603–1868) sind Druckgrafiken erhalten, die miteinander verschlungene Frauenkörper und Liebesszenen älterer mit jugendlichen Männern zeigen. Gerade die Darstellung eines Alten zusammen mit einem Jüngling war keine künstlerische Mode, sondern belegt ein lange Zeit übliches System, das nach dem Prinzip »Bildung und Status im Austausch gegen sexuelle Gefälligkeiten« funktionierte. Es wurde vor allen Dingen in den Bereichen Militär, Klerus und Unterhaltungsbranche praktiziert.

Spätestens durch Fernsehserien wie *Shogun* oder *Pokémon* wissen wir alle, dass das japanische System der Künste und Kunstfertigkeiten auf mehr oder weniger lebenslanges Lernen, Wiederholen und Verfeinern setzt, das, wenn alles gut läuft, irgendwann in Meisterschaft mündet. Und damit sind wir wieder bei unseren Samurai, die mit anderen Männern Sex hatten.

Es war schon in Japan jahrhundertelang üblich, dass junge Menschen bei älteren Meistern in die Lehre gingen und sich von diesen ausbilden ließen. Ein solches *senpai-kōhai-*Verhältnis existierte natürlich auch bei den Kriegern, den *bushi,* auf ihrem Weg zur Meisterschaft, dem *bushidō.* Wer diesem hochgeachteten Berufsstand angehören wollte, suchte sich einen Lehrmeister, der ihn in alle Regeln der Kunst einführen konnte. Dabei unterrichtete der Lehrmeister den Schüler in Kampfkunst, Kriegeretikette und Lebensphilosophie. Im Gegenzug schlief dieser Lehrer mit seinem 13- bis 19-jährigen Schüler.

Schloss der Schüler seine Ausbildung ab, endete formal auch die Jugend – und die körperliche Beziehung. Auch wenn der sexuelle Kontakt endete, blieb das Verhältnis der vormaligen Zweckpartner eng und wandelte sich zu einer Art Vater-Sohn-Verhältnis. Der zum Samurai herangereifte Schüler war jetzt in der Position, nun selbst sowohl Wissen an einen eigenen Schüler weiterzugeben und hierfür sexuelle Gefälligkeiten einzufordern. Das geringe Alter der passiven Sexualpartner ist der Grund dafür, warum man diese traditionelle Verbindung zwischen Lehrer und Schüler *wakashudō* nennt, den »Weg der Jünglinge«.

Gemessen an unseren heutigen moralischen Werten ist *wakashudō* Pädophilie und Ausbeutung von schutzbedürftigen Menschen – ganz unabhängig davon, ob ihnen der körperliche Teil des Arrangements gefiel oder nicht. Seinerzeit wurde diese Praxis hingegen gesellschaftlich akzeptiert. In der Gesellschaftsordnung waren die Akteure im Hinblick auf Ehre und Moral um jeden Zweifel erhaben. Auch abgesehen vom *wakashudō* galt körperliche Liebe unter Männern weder als unsittlich noch als ungewöhnlich. Allerdings stand diese Freiheit nur Männern offen, während gleichgeschlechtliche Sexualität bei Frauen im Verborgenen stattzufinden hatte. Zudem sind, abgesehen von erotischen Darstellungen auf frühen Drucken und Wandgemälden, Belege für lesbische Beziehungen in der Literatur im Vergleich auffallend rar.

Interessante Randnotiz zur sexuellen Freiheit unter Männern: Während der *wakashudō*-Lehrjahre war es für den aktiven, älteren Part wie auch für den Schüler tabu, mit anderen Männern Verkehr zu haben. Man konnte zwar das Werben einer Dame kurzfristig erhören, war einander aber sonst bis zum Ende der Ausbildung absolut treu.

Auch in Klöstern gab es sexuelle Begegnungen unter Männern. In der Shintō-Religion gibt es keine Vorschriften dazu, wer mit wem wo Sex haben kann oder sollte. In buddhistischen Tempelanlagen ist Sex zwar untersagt, allerdings wurde diese Regel gerne so ausgelegt, dass sie nur für Zusammenkünfte von Mann und Frau gilt.

Gut aussehende Schauspieler des Kabuki-Theaters, die meist die Frauenrollen der Stücke spielten, genossen früher ein Ansehen wie unsere heutigen Popstars und waren bei Zuschauerinnen wie auch Zuschauern heiß begehrt. Literatur und bildliche Darstellungen aus der Edo-Zeit sind voll von Beispielen solcher Mimen, die ihre Gagen mit sexuellen Kurz- und Langzeitbeziehungen zu reichen Gönnern aufbesserten.

Die Tradition des *wakashudō,* die um das Jahr 1200 herum ihren Anfang genommen haben soll, fand übrigens im Verlauf der Edo-Zeit ihr Ende. Der Grund ist einfach: Es herrschte seit Dutzenden von Jahren Frieden. Und wer sich über anhaltenden Frieden freut, kann auch auf Krieger verzichten.

Zusammenfassend lässt sich hinsichtlich der sexuellen Tradition festhalten, dass die japanische Gesellschaft Homosexualität nicht als moralisch verwerflich, sondern nur als eine von vielen Optionen zum Ausleben der eigenen Lust ansah. Das änderte sich natürlich mit den Moralvorstellungen, die das Christentum mitbrachte.

Es ist unbestritten, dass die christliche Lehre – insbesondere die römisch-katholische – eine recht enge Auffassung davon hat, wann und mit wem Geschlechtsteile auf welche Art und Weise genutzt werden sollen, und wann und mit wem eben nicht. Während christlichen Missionaren und anderen Glaubensvertretern lange Zeit per Gesetz der Zugang zu Japan nicht gestattet war, änderte sich dies nach der durch amerikanische Kriegsschiffe erzwungenen Öffnung Japans für den Welthandel.

Der westlich-christliche Konsens war zu dieser Zeit, dass Analverkehr als unzivilisiert anzusehen sei. Für den Zeitraum von 1873 bis 1880 schloss sich die japanische Regierung dieser Ansicht an und stellte diese Praktik per Gesetz unter Strafe. Im Strafgesetz von 1880, das eng an napoleonische Rechtsprechung angelehnt war, wurde dieses Gesetz relativiert: Analverkehr konnte straffrei vollzogen werden, sofern der Akt im Privaten und einvernehmlich zwischen Erwachsenen vollzogen wurde – ungeachtet des Geschlechts der Beteiligten. Dieser rechtliche Grundsatz hat bis heute Wirkung.

Ebenfalls Einfluss bis heute hat eine Erweiterung des Strafgesetzbuchs im Jahr 1887. Als problematisch wurden »obszöne Akte angesehen, welche die Würde des Gesetzes beflecken« könnten. Solche schwammigen gesetzlichen Ausführungen bieten natürlich reichlich Interpretationsspielraum. Polizisten hatten die Aufgabe, zu entscheiden, welches Verhalten als anrüchig und potenzielle Störung des Landesfriedens aufzufassen sei. Ein Dorn im Auge der Gesetzeshüter waren nun zum ersten Mal Beziehungen zwischen Frauen.

Doch waren homosexuelle Beziehungen in Japan nie mit gesetzlichen Strafen belegt – abgesehen von einem kurzfristigen Gesetzesvorstoß aus dem Jahr 1907, bei dem sich Kaiser Meiji weitgehend an Gesetzestexten aus Preußen orientierte; das Gesetz wurde mit dem Ende des Zweiten Weltkriegs aufgegeben. In anderen Ländern war dies anders – auch in Deutschland, wo im Westen seit Bestehen der Bundesrepublik bis zum Jahr 1969 Homosexuelle strafrechtlich verfolgt wurden und im Osten Homosexualität zumindest gesellschaftlich geächtet war und nur unter über 21-Jährigen als legal angesehen wurde.

Die importierten christlichen Moralvorstellungen beeinflussen bis heute das Denken vieler – gerade älterer – Japaner, die lieber an einem Partnerschaftsmodell festhalten, in dem Mann und Frau die Akteure sind. Vertreter der LGBT-Community fordern daher, dass der Grundsatz der seit 1947 geltenden Verfassung auch tatsächlich für jeden Japaner, ungeachtet seiner sexuellen Orientierung, gilt. Demnach ist jeder Bürger Japans gleich zu behandeln.

Homosexualität in Japan: Zahlen, Daten und Fakten

- Gesetzlicher Status: legal
- Homosexuelle Ehe: nicht anerkannt
- 8,9 Prozent aller Japaner zwischen 20 und 59 Jahren definieren sich einer Umfrage unter 60.000 Teilnehmern als der LBGT-Community zugehörig
- Geschlechtsanpassung: anerkannt, sofern auch eine chirurgische Angleichung an das empfundene Geschlecht erfolgt
- Shinjuku ni-chōme ist das größte Amüsierviertel für Homosexuelle in Japan. Es erstreckt sich östlich des Bahnhofs Shinjuku über mehrere Straßenzüge mit mehr als 300 Cafés, Bars, Love Hotels, Karaokeläden und Discos für eine homosexuelle Zielgruppe.

ENJO
KŌSAI

VON TASCHENGELD-FREUNDEN, WEISSEN HANDSCHUHEN UND TELEFONCLUBS

Nervös streicht Herr Uchida seine taubengraue Krawatte glatt. Er beobachtet im Rückspiegel einen Streifenpolizisten, der, seit er sein *kōban*-Häuschen verlassen hat, die Reihe der geparkten Fahrzeuge gemessenen Schrittes entlangschreitet.

»Wo bleibt Akiko nur?«, fragt sich der seinem Gefühl nach jung gebliebene Übersetzer, der im 460 Kilometer entfernten Tōkyō bei einem Chemiekonzern angestellt ist. Allein schon angesichts der Tatsache, dass er dort bereits seit 1989 arbeitet, hält sein aktuelles Gefühl einem ehrlichen Realitätscheck nicht stand. Doch egal, heute fühlt er sich jung. Und gestresst. Jetzt steht er schon eine Viertelstunde hier herum und wartet auf sie. Auch wenn er eine halbe Stunde zu früh gekommen ist, weil er den deutlich geringeren Verkehr hier in der alten Kaiserstadt Kyōto nicht gewohnt ist, weiß sie doch, dass er hier nur ganz schlecht parken kann.

Nur noch vier oder fünf Autolängen Abstand zu dem Mann in der dunkelblauen Uniform. Ballt er seine weiß behandschuhte Hand zu einer Faust? Ahnt er etwas? Jetzt fühlt sich die Krawatte an seinem Hals viel zu eng gebunden an. Oder sein Hals ist plötzlich auf den doppelten Umfang angeschwollen. Wird er ihn jetzt festnehmen wegen der Sache mit Akiko?

Ihm schießt durch den Kopf, warum viele japanische Streifenpolizisten im Dienst weiße Handschuhe tragen. Er hat mal gelesen, dass die Beatles daran schuld sein sollen.

Wie die Beatles Japan für immer veränderten

Die vier Musiker aus Liverpool hatten gerade mit Songs wie *Paperback Writer*, *Day Tripper* und *Yesterday* Auftritte in München, Essen und Hamburg absolviert. In jeder dieser Städte waren die Britpopper von riesigen Trauben vornehmlich weiblicher Fans kreischend empfangen worden. Und genau das machte Hideo Yamada sehr nervös.

Er war beim ersten Japanbesuch der »Pilzköpfe« im Juni 1966 als Polizist für die Sicherheit der international erfolgreichen Superstars zuständig. Es hatte bereits viele Diskussionen wegen des Besuchs der Popmusiker gegeben. Der verlorene Zweite Weltkrieg spukte noch in den Köpfen vieler Menschen herum und war auch in Medien und Politik noch sehr präsent. Konservativen bereitete es Sorge, dass sich gerade junge Menschen offenbar nicht mehr mit der Schmach der Niederlage auseinandersetzen wollten und sich begeistert dem Lifestyle der einstigen Gegner – Coca-Cola, westlichen Mode und Popmusik – zuwandten. Und da hatten die Beatles gerade noch gefehlt, da sie all das repräsentierten, was Traditionsbewahrern ein Dorn im Auge war und daher als schlechter Einfluss wahrgenommen wurde.

Als zusätzlichen Affront empfanden nicht wenige, dass die Band im Nippon Budōkan in Tōkyō auftreten sollte, einem Veranstaltungsort, der sonst nur für Kampfkunstevents genutzt wurde und als Shintō-Schrein auch zur Verehrung von Kriegstoten. Doch das Budōkan war zu dieser Zeit die einzige Halle in Japan mit einer Kapazität von 10.000 Zuschauern. Und diese mögliche Zuschauerzahl hatte Beatles-Manager Brian Epstein als Mindestgröße für einen Japanauftritt seiner Künstler als Bedingung genannt. Nationalisten forderten lautstark, den Auftritt der überbeliebten Westler abzusagen. Noch in Hamburg erhielt Epstein einen Brief, dass seine Künstler der Tod erwarte, sollten sie tatsächlich nach Japan kommen.

Wegen dieser Drohung und der allgemein sehr aufgeheizten Stimmung wurden Sicherheitsvorkehrungen getroffen, die denen der vorangegangenen Olympischen Spiele von 1964 in kaum etwas nachstanden: 35.000 Mitarbeiter der Polizei und Feuerwehr sollten einen reibungslosen organisatorischen Ablauf des Konzerts sicherstellen.

Was Herrn Yamada dabei besonders nervös machte, waren aber nicht die Ewiggestrigen, die ultrarechten Studenten und Vertreter der japanischen kommunistischen

Partei, die sich um eine Entweihung des Budōkan und vor allen Dingen um den Verlust der nationalen Identität sorgten, sondern die jungen weiblichen Fans. In der Zeitung hatte der Polizist gelesen, welche Wirkung die musizierenden Mittzwanziger auf Frauen hatten. Er wusste: Um die Menge in Zaum zu halten, würde man die kreischenden Fans zurückdrängen müssen. Aber wie sollte man bei solchem Körperkontakt *reigi tadashisa* wahren, die Etikette? Er erinnerte sich daran, wie es die kaiserliche Garde machte, und verordnete diese Lösung den ihm unterstellten Polizeibeamten: weiße Handschuhe.

Die Beatles setzten sich am Vormittag des 3. Juli nach fünf Konzerten im Nippon Budōkan und ohne Sicherheitsprobleme in einen Flieger nach Manila, wo sie ihre Tournee fortsetzten. Die weißen Handschuhe als Mittel zur Wahrung des formalen Abstands und der Etikette sind indes bis heute geblieben.

Mit einem lauten Geräusch öffnet sich die Beifahrertür von Herrn Uchidas Auto, und er wird aus seinen Gedanken gerissen, die er mit einem gesummten »Love me do« untermalt hatte. »Was ist das für ein Lied?«, fragt Akiko mit interessiert aufgerissenen Augen. »Kenne ich das?« Herrn Uchidas Blutdruck sinkt augenblicklich, als er in das jugendliche Gesicht seiner Begleiterin schaut. »Doch nicht der Polizist«, murmelt er halblaut und dreht mit zittriger Hand den Zündschlüssel. Akiko quittiert die letzte Bemerkung mit einem fragenden Blick, beginnt aber, anstatt auf eine Erklärung zu warten, von ihrem Tag zu erzählen – der offenbar sehr aufregend war, nach der Höhe ihrer Tonlage zu urteilen. Im Rückspiegel sieht Herr Uchida noch, wie die hell leuchtenden Handschuhe des Streifenpolizisten mit zunehmender Entfernung in der noch jungen Nacht im Zentrum Kyōtos immer weiter verblassen.

Wenig später lenkt Herr Uchida seinen Kleinwagen in einen der wenigen freien Plätze in einem engen Parkhaus. Als der Motor verstummt und die Handbremse knarzend ihren Dienst versehen hat, schaut er Akiko an und überlegt, ob es angemessen wäre, sie zur Begrüßung an ihrem nackten Oberarm zu berühren. Sie erzählt immer noch von ihrem ausgedehnten Einkauf bei Daimaru. Bevor sie in das exklusive sechsstöckige Kaufhaus ging, hatte sie schon auf der anderen Straßenseite bei Louis Vuitton angestrengt nach Möglichkeiten gesucht, Geld auszugeben. Bis sie dann endlich in der Gucci-Abteilung des Daimaru fündig wurde und einen traumhaften Rock erstand – dank eines »June Special Sale« sogar 5.000 Yen günstiger als normal. Als sie den Preis nennt, wird Herr Uchida aus seinen Gedanken gerissen, die in den letzten Minuten mehr um Akikos faltenlose Gesichtszüge kreisten als um ihre Einkaufserfolge. Er greift zum Rücksitz, auf dem ein sorgfältig eingepacktes Geschenk des Luxusschneiders Minoya liegt. Stolz und mit der eher unbegründeten Hoffnung, die junge Frau später noch in dem neuen, jahreszeitlich gemusterten Seidenkimono im gemeinsamen Zimmer des Boutique-Hotels Suiran zu sehen, überreicht er das weiche Paket.

Akiko unterbricht ihre von der Erwähnung von Luxusmarken geprägte Einkaufsgeschichte und verstaut nach einer angedeuteten Verbeugung und höflichen Dankesworten das Geschenk unausgepackt in ihrer großen Prada-Tasche. »Wollen wir jetzt essen gehen?« Herr Uchida nickt pflichtbewusst.

Als sie kurz darauf in einem Restaurant mit Kerzenschein und französischer Küche Platz nehmen, sind Herrn Uchidas Zweifel wegen Akiko und seiner zu Hause in Tōkyō wartenden Ehefrau wieder verflogen. Die musternden Blicke der Gäste und des Personals waren nicht zu übersehen. Ihm gefällt die Vorstellung, dass einige von ihnen vielleicht denken, er sei ein erfolgreicher, smarter Typ, der alle haben könne, auch die hübschen und wesentlich jüngeren Frauen.

Als eine dieser jungen und hübschen Frauen hat Akiko natürlich auch die Blicke der anderen mitbekommen, als sie das Restaurant betraten. Sie bemerkt, dass manche sich sicherlich fragen, ob hier Vater und Tochter zusammen speisen oder eben doch ein Pärchen mit einem Glas Champagner als Aperitif dem selbst gesetzten Anspruch nachkommt, einen Abend wie Gott in Frankreich zu verbringen. Sollen sie doch. Sie weiß ja, dass Herr Uchida weder ihr Vater noch ihr Partner ist. Er ist einfach ... ja, was eigentlich?

Akiko und Herr Uchida pflegen eine nicht nur wegen des großen Altersunterschieds besondere Beziehung. Streng genommen sind sie Geschäftspartner: Sie gibt ihm ihre Gesellschaft im Austausch gegen Geschenke oder Geld. Japaner nennen diese Übereinkunft *enjo kōsai*, »Dating mit Kompensation«.

Wer hierbei an einen Escortservice denkt, liegt bei der japanischen Spielart *enjo kōsai* nicht ganz richtig. Anders als bei jener Art des Begleitservices sind die Zusammenkünfte bei der japanischen Variante nicht gewerblich organisiert. Die Mädchen treffen sich aus privatem Antrieb und Interesse mit ihren Partnern. Problematisch an diesen Verbindungen ist, dass die Frauen meist noch sehr jung sind, nicht selten Oberschülerinnen. Das macht das Ganze moralisch bedenklich und rückt es gesetzlich zumindest in eine Grauzone – besonders dann, wenn die Treffen nicht nur gemeinsames Kaffeetrinken und Essengehen beinhalten, sondern auch Sex.

Tatsächlich sind Japaner erst mit vollendetem 20. Lebensjahr von Gesetzes wegen erwachsen. Aber natürlich steht es ihnen frei, auch vor Erreichen dieser Altersgrenze erwachsene Dinge zu tun. § 45 des Strafgesetzes verfolgt und bestraft nur solche »unanständigen Handlungen«, an denen Personen unter 13 Jahren beteiligt waren – unabhängig davon, ob diese Handlungen einvernehmlich stattfanden oder erzwungen wurden. Das Kinderfürsorgegesetz ergänzt in diesem Zusammenhang, dass Personen unter 18 Jahren »obszöne Handlungen« untersagt sind. In Bezug auf das auf Harmonie ausgerichtete Gemeinwesen Japans ist das so zu deuten, dass diese Handlungen keine Unbeteiligten belästigen dürfen, wie dies zum Beispiel bei Sex in der Öffentlichkeit oder offener Straßenprostitution der Fall wäre.

Sexueller Verkehr mit Minderjährigen wird bei uns sowohl moralisch als auch strafrechtlich zweifelsfrei als Pädophilie beurteilt. Doch auch der moralische Kompass ist in Japan in dieser Hinsicht anders geeicht als im Westen – was immer wieder auch Anlass für Kritik aus dem Ausland ist. Schon im Jahr 2015 hatte die niederländische Juristin Maud de Boer-Buquicchio in ihrer Funktion als Sonderberichterstatterin der Vereinten Nationen zu den Themen Kinderhandel, Kinderprostitution und Kinderpornografie ihre Bedenken hinsichtlich des *enjo kōsai* öffentlich gemacht. Dabei berichtete sie, dass 13 Prozent aller Schulmädchen in Japan Geld oder Sachgeschenke für Treffen mit älteren Männern erhielten. Japans Außenministerium wollte de Boer-Buquicchios Äußerung nicht unkommentiert lassen und beschwerte sich in einer eigens einberufenen Pressekonferenz über de Boer-Buqicchios Äußerung. Dabei wurde das Phänomen an sich nicht bestritten und der implizite Vorwurf, dass es sich hierbei um eine Form der Kinderprostitution handeln könnte, nicht weiter kommentiert. Doch wollte man den genannten Prozentwert so nicht stehen lassen und forderte die UN-Berichterstatterin dazu auf, ihre Quellen offenzulegen.

Nicht nur das Außenministerium, sondern auch viele japanische Medien arbeiteten sich an diesen 13 Prozent ab. Der allgemeine Tenor lautete, dass westliche Medien und Meinungsmacher dazu neigten, Zahlenmaterial falsch zu interpretieren und für eine spannende Story die Tatsachen zu verfälschen oder aus dem Kontext herauszureißen. Der offizielle Protest des japanischen Außenministeriums hatte zur Folge, dass de Boer-Buquicchio ihre Aussage zurücknahm. Auch wenn kontrovers diskutiert wurde, wie viele tatsächlich *enjo kōsai* betreiben, so bestritt niemand, dass sich Mädchen gegen Geld oder Geschenke mit älteren Herren treffen und dass diese häufig noch nicht erwachsen sind.

Okay, aber warum machen Akiko und andere Mädchen das überhaupt? Für die meisten dürfte ein vergnügungsorientierter Lifestyle und das hierfür benötigte Geld das Hauptmotiv dafür sein, sich auf *enjo kōsai* einzulassen. Und der Grund dafür, dass sie diese Art des Geldverdienens wählen, ist ganz einfach: Regulären Beschäftigungen darf man in Japan erst ab dem 16. Lebensjahr nachgehen. Greift der Konsumdruck schon früher, können nur Erspartes, die Eltern oder eben eine Einnahmequelle wie *enjo kōsai* die drängenden Bedürfnisse befriedigen.

Namie, eine Freundin von Akiko, hatte ihr irgendwann im Kino davon erzählt, dass sie *enjo kōsai* ausprobiert habe. Als Ryan Gosling gerade sein T-Shirt abstreifte, hatte Akiko keine

Augen für die definierte Bauchmuskulatur des Schauspielers, sondern war mit ihrer Aufmerksamkeit nur bei Namie. Die erzählte ihr unter anderem, dass das *enjo kōsai* bereits 1996 in Tōkyōs Stadtteilen Shibuya und Shinjuku seinen Anfang nahm, ebenjenen Vierteln, die seit jeher von Vergnügen und Shoppingmöglichkeiten geprägt sind.

Die Kinder derjenigen, die in den 80er-Jahren die Blüte der japanischen Wirtschaft miterlebt und sich einen entsprechend konsumfreudigen Lebensstil angeeignet hatten, standen plötzlich vor dem Problem, dass nach wie vor Marken- und Luxusprodukte mit starken »Kauf mich«-Impulsen lockten, aber seit dem Platzen der Wirtschaftsblase das dafür notwendige Geld nicht mehr im selben Umfang zur Verfügung stand wie zuvor. Was also tun? Sich in Verzicht üben? Für Mädchen wie Namie, die die anerkennenden Blicke der Freundinnen in der Schule genießen möchten, keine Option. Dann lieber mit genau den Männern der Elterngeneration treffen, die am Aufbau und am Zusammenbruch der Bubble Economy beteiligt waren, und für ein Treffen mit 25.000 bis 50.000 Yen (circa 190 bis 385 Euro) ein kleines Vermögen kassieren – ohne die Notwendigkeit, es dabei zu sexuellen Handlungen kommen zu lassen.

Für Akiko war die Sache schnell klar: Noch am Abend des Kinobesuchs registrierte sie sich bei einer Internetplattform, die wie viele andere ihrer Art auf die Anbahnung solcher Zweckbekanntschaften spezialisiert ist. Bei dieser *deai*-Seite (von *deau* = sich treffen) hinterlegte sie schnell ein paar spärliche Informationen sowie ihre Mobilnummer. Als das Telefon schon eine Viertelstunde später klingelte, zog sie ihr pinkfarbenes Smartphone mit zitternden Fingern aus der Manteltasche – und spürte eine seltsame Mischung aus Erleichterung und Enttäuschung darüber, dass nur Namie dran war.

Herr Uchida, der geschäftlich hin und wieder in Kyōto ist, war einer der Ersten, der sie anrief. Er hat eine nette, sanfte Stimme. Sie traf sich mit ihm an einem der touristischen Hotspots der Stadt. Nicht dass sie sich Sorgen um ihre Sicherheit gemacht hätte – Kentarō, kurz Ken, wie er sich dann gleich bei ihrem Treffen vor dem Kiyomizu-dera mit nervösem Blinzeln vorstellte, hatte einfach nicht die Stimme eines Serienmörders. Akiko glaubt, so etwas an der Stimme eines Mannes erkennen zu können. Im Menschenstrom der japanischen und weit gereisten Touristen am Pfahlbautempel konnten sich die beiden vorstellen, sie seien einfach nur ein ganz normales Paar mit gut 30 Jahren Altersunterschied, das sich irgendwo zufällig trifft und sich miteinander amüsiert.

Ob das in den Anfangsjahren von *enjo kōsai* auch so unkompliziert abgelaufen wäre? Da steckte das Internet noch in den Kinderschuhen, und so gab es für die Anbahnung der Bekanntschaften die sogenannten *terekura,* »Telefonclubs«. Wollte ein Mann in den späten 90ern eine zeitweilige Begleitung für Freizeit und/oder Bett finden, führte der Weg über die Mitgliedschaft in einem der besagten Clubs. Gegen ein Wartegeld von etwa 3.000 Yen pro Stunde konnte der Kontaktsuchende in einem kleinen Raum Platz nehmen, dort Pornofilme konsumieren und hoffen, dass das in dem Raum aufgestellte Telefon möglichst bald klingeln würde. Kontaktsuchende Frauen wiederum riefen über eine kostenlose Nummer in der Zentrale des Clubs an und wurden von den Telefonisten zu den Kabinen durchgestellt. War man sich beim Telefonat sympathisch, konnte direkt ein Treffen verabredet werden. Lief es nicht so gut, ließen sich die Mädchen mit einem anderen Clubbesucher verbinden, und für den Mann ging das Warten auf eine spannende Anruferin in die nächste Runde.

Auf ein Handzeichen von Herrn Uchida tritt ein Kellner an den Tisch des ungleichen Paars, und Akiko nutzt die Gelegenheit, sich ein exotisch klingendes Dessert zu bestellen. Als dieser nach einer angedeuteten Verbeugung Akikos Wunsch an die Küche weitergibt, bemerkt sie, dass Kens Blicke nicht nur auf ihrem Gesicht ruhen, sondern auch über die Arme ihres schulterfreien Kleides und die Region darunter gleiten. Aber zum Sex wird es heute nicht kommen, da braucht er sich keine Hoffnungen zu machen. Nicht dass Akiko grundsätzlich ein Problem damit hätte, mit einem älteren Mann zu schlafen. Das könnte sie, es ist ihre Entscheidung. Manche Medien – und gerade männliche Kommentatoren – sehen genau darin einen Verfall der Sitten, während Frauen, die sich in Zeitungen und im Fernsehen zum Thema *enjo kōsai* äußern, auffallend oft eine Vernachlässigung der Mädchen in der Kindheit vermuten. Unfug. Sie sieht sich nicht als Prostituierte. Wenn sie einen Mann mit der Hand befriedigt oder mit ihm schläft, dann bekommt sie die Kompensation nicht von einem Fremden. Sie kennen sich. Sie empfindet keine Schuld bei dem Deal »Geld und Geschenke gegen Gesellschaft«.

Und auch wenn sie nie anderen oder gar ihren Eltern erzählen wird, wie sie sich die tollen Klamotten und Accessoires leisten kann, weiß sie, dass es auch kaum jemanden stören würde. Es ist nicht ungesetzlich, und in einer auf Harmonie fußenden Gesellschaft ist nahezu jede Handlung in Ordnung, solange durch das eigene Handeln niemand gestört wird.

Dazu fällt ihr ein Artikel ein, den sie vor ein paar Wochen auf der Internetseite einer bekannten Tageszeitung gelesen hat.

Ein buddhistischer Mönch fing demnach zur Finanzierung seiner kostspieligen *enjo kōsai*-Bekanntschaft an, Geldscheine zu fälschen, und gab auch dieser Freundin mehrere falsche 10.000-Yen-Noten. Die bemerkte den Schwindel und ging mit den Blüten zur Polizei, die ihren Liebhaber festnahm – nicht weil er mit einer Minderjährigen Sex hatte, sondern weil er sie hierfür mit Falschgeld entschädigen wollte. Warum sollte Akiko also Schuldgefühle haben, weil sie sich mit Männern wie Ken trifft? Bevor sie weiter über diese Frage und die moralisch höchst fragwürdige Rolle der Männer in solchen Beziehungskonstrukten nachdenken kann, stellt der Kellner die cremige Süßspeise vor ihr auf den Tisch. Und mit einem Mal ist die Welt für sie noch ein bisschen mehr in Ordnung.

GEMIETETE PRIVATSPHÄRE

VON TŌKYŌS LIEBESVIERTEL, EINEM SELTSAMEN DATE UND EINEM BETT VOLLER ROSENBLÄTTER

Yukiko schaut sich gerade ein Video an, das eine ihrer Freundinnen ihr über die Snow App (eine Art japanische Version von Snapchat) geschickt hat, als sie etwas Schweres auf ihrer Schulter spürt. Ach so, die OL (Office Lady) neben ihr ist eingeschlafen, und ihr Kopf ist auf ihre Schulter gesunken. Yukiko rückt ein bisschen hin und her, aber sie wacht nicht auf. Yukiko schaut auf die Anzeige der U-Bahn. Nur noch drei Stationen, so lange kann sie auch noch Kopfkissen spielen. Sie packt das Handy weg und schaut sich um. Ihr gegenüber sitzen vier Leute mit Mundschutz – die Erkältungssaison scheint wieder loszugehen. Rechts von ihr blättert ein junger Mann in einem telefonbuchdicken Manga-Band. Die Frau links von ihr schläft noch immer. Noch zwei Stationen.

Dass die Frau neben ihr am frühen Abend – es ist gerade mal 19.30 Uhr – in der U-Bahn schläft, wundert Yukiko kein bisschen. Es kommt häufiger vor, dass sie schlafende Menschen in der Bahn sieht. Sie selber ist auch schon mal eingeschlafen, als sie spätabends nach ein paar Drinks mit den Kolleginnen zurück nach Hause gefahren ist. Yukiko hat mittlerweile die Uni abgeschlossen und eine Stelle in einem Unternehmen gefunden. Sie wohnt mit ihren Eltern nicht direkt im Zentrum von Tōkyō – wo die Mieten unbezahlbar sind –, sondern weiter am Stadtrand und fährt jeden Morgen etwas länger als eine Stunde zur Arbeit. Aber Verkehrsmittel sind nicht die einzigen öffentlichen Schlafplätze. Yukiko erinnert sich noch an ihr Studium, bei dem manchmal ein Fünftel der Studenten während der Vorlesung geschlafen hat. Auch auf der Arbeit sieht sie ab und zu mal Kollegen am Schreibtisch einnicken. Yukiko weiß, dass manche ihrer Kollegen sogar noch weiter pendeln als sie und genauso hart arbeiten. Daher gönnt sie ihnen natürlich den kurzen *inemuri* (passenderweise zusammengesetzt aus den Schriftzeichen für »Schlaf« und »anwesend sein«).

Ah, Shibuya. Das ist Yukikos Station. Mit einem leisen »*sumimasen*« rüttelt sie die Office Lady neben sich wach. Die setzt sich wieder gerade hin und zückt ihr Handy. Zusammen mit Yukiko strömen noch viele andere Fahrgäste aus dem Wagen und auf den Bahnsteig. Um diese Uhrzeit ist es noch voller als sonst. In einer großen Menschenmasse fährt Yukiko mit der Rolltreppe auf die nächste Ebene und durchquert die riesige Eingangshalle. Meistens trifft sie sich mit Kenji an der Statue von Hachikō, heute aber sind sie an der Mr.-Donut-Filiale verabredet. Kenji ist noch nicht da. Oh, wie süß! Bei Mr. Donut gibt es gerade Donuts mit Katzenöhrchen und rosa Schleife – wie Hello Kitty! Yukiko macht gerade ein Foto mit ihrem Handy, als Kenji auf einmal neben ihr steht. »Tut mir leid, ich hab mir nur kurz einen

Kaffee geholt. Willst du?« Er hält ihr eine Dose heißen Kaffee aus dem Automaten hin. Yukiko schüttelt den Kopf. »Nein, danke. Sollen wir los?« »Klar.«

Hachikō – der treue Hund

Hachikō gilt als Inbegriff des treuen Hundes. Als sein Herrchen, ein Universitätsprofessor, starb, wurde er zu Freunden gegeben. Doch er riss immer wieder aus, um am Bahnhof von Shibuya auf sein Herrchen zu warten. Dies tat er fast zehn Jahre lang – bis zu seinem eigenen Tod. Seine Treue wurde durch ein Bronzedenkmal belohnt, das noch zu seinen Lebzeiten eingeweiht wurde. Heute ist es einer der beliebtesten Treffpunkte in Shibuya.

Die beiden verlassen das Bahnhofsgebäude. Draußen werden sie von meterhohen digitalen Werbeflächen an den Hochhäusern begrüßt, die sie über die neueste Prada-Kollektion, ein neues Spiel für die Playstation und über Kitkat in der Geschmacksrichtung *matcha* (grüner Tee) informieren. Da ertönt plötzlich ein Vogelzwitschern, das anzeigt, dass die Ampel grün geworden ist. Kenji und Yukiko überqueren jetzt die wohl berühmteste Kreuzung der Welt: An den fünf Zebrastreifen, die hier die Kreuzung markieren, werden alle Ampeln gleichzeitig grün, und Hunderte von Menschen setzen sich zeitgleich in Bewegung, um über die Straße zu strömen. Kenji und Yukiko kennen das Spektakel natürlich schon und passen daher nur auf, dass sie über die Straße kommen, ohne jemanden aus Versehen anzurempeln.

Die Top Ten der Dinge, die man in Japan am Automaten kaufen kann

Kenji hat sich nur einen Kaffee geholt – in Japan kann man aber noch viel mehr am Automaten kaufen. Und sie stehen überall. Mitten im Wald, in manchen U-Bahn-Waggons oder auf einem Tempelgelände kann einem ein Getränke- oder ein anderer Automat begegnen.

1. Reis. Ja, genau. Große Kilobeutel Reis. Falls der zu Hause mal ausgehen sollte, kann man direkt Nachschub für einen ganzen Monat kaufen.
2. Blumen. Und dabei schenken die japanischen Männer ihren Angebeteten am White Day, dem japanischen Valentinstag für Frauen, traditionellerweise eher weiße Schokolade.
3. Bier. Da sind die Japaner uns Deutschen zuvorgekommen ... Sake gibt's aber auch aus dem Automaten.
4. Bücher. Praktisch für Pendler mit langen Fahrstrecken.
5. Sushi oder Fischsuppe. Ähm – ja.
6. Popcorn. Vielleicht als Nachtisch nach dem Sushi.
7. Regenschirme. Falls einen mal ein Schauer überrascht.
8. Hundewelpen. Okay, vielleicht nicht an jeder Ecke. Aber ja.
9. Religiöse Amulette. Und praktischerweise stehen die Automaten direkt in buddhistischen Tempeln.

10. Unterwäsche. Neu oder gebraucht. Aber in unterschiedlichen Automaten. Und vermutlich auch für eine unterschiedliche Klientel, daher stehen die Automaten in der Regel auch in Sexshops.

»In welches Restaurant gehen wir denn?«, fragt Yukiko. »Doch nicht wieder in das vom letzten Mal, wo man seinen Fisch selber fängt?« Kenji lacht: »Auf keinen Fall. Das hat ja ewig gedauert, bis wir endlich was gefangen haben, und dann musste ich mir noch anhören, dass der arme Fisch dir leidtut. Nein, eigentlich wollte ich ins Safari, wo man mit VR-Brillen wilde Tiere sieht. Aber da war schon alles voll. Lass dich überraschen.« Kurz darauf biegen sie in die Dogenzaka auf Shibuyas sogenanntem Love Hotel Hill ein und stehen bald vor einem Restaurant mit dem Namen Alcatraz ER.

Drinnen sieht es wie in einem Gefängnis aus. Nein, eigentlich wie eine Mischung aus einem Gefängnis und einem Krankenhaus. Auf dem Weg zu ihrem Platz müssen sie am Gang ein Weilchen warten, weil ein Pärchen Selfies vor einem an die Wand gehängten Skelett macht und der Selfie-Stick den schmalen Gang versperrt. Zum Glück scheint das Skelett aus Plastik zu sein. »*Sumimasen*« – das Mädchen entschuldigt sich kichernd und lässt die beiden durch. Nachdem Kenji und Yukiko sich an einem niedrigen Tisch auf den Boden gesetzt haben, schlägt Kenji mit einem Stab gegen die Gitterstäbe, um die Bedienung zu rufen. Kurz darauf erscheint eine in ein knappes Krankenschwesterkostüm gekleidete Kellnerin und empfiehlt erst mal die hauseigenen Cocktails. Yukiko ist zuerst ein bisschen skeptisch. An den Wänden hängen Handschellen, Totenköpfe und mit Kunstblut gefüllte Katheter, und hinter den Gitterstäben fühlt sie sich wirklich ein bisschen wie im Gefängnis. Das Pärchen von eben hat den Selfie-Stick wieder ausgefahren und fotografiert sich zusammen mit einer der Krankenschwestern. Sie scheinen nicht richtig zufrieden mit dem Ergebnis zu sein, denn sie wiederholen das Bild mit verschiedenen Handgesten.

Da kommen auch schon die Cocktails. Yukikos Drink wird in einem Erlenmeyerkolben serviert und lässt sich mit einer Spritze aufziehen. Der von Kenji wird in einem abgetrennten menschlichen Kopf serviert. Zum Glück in einem künstlichen. Auch das Selfie-Pärchen hat seine Drinks bekommen und dreht hierzu eine kleine Videodokumentation. Kenji und Yukiko teilen sich als Vorspeise ein »russisches Roulette«: sechs gebratene Teigtaschen, eine davon ist mit scharfem Wasabi gefüllt. Schon beim ersten Bissen verzieht Kenji das Gesicht. Yukiko muss lachen und kann nun beruhigt die ungefährlichen *takoyaki* essen.

Eine Weile später haben die beiden vielleicht nicht das beste Essen ihres Lebens gegessen, aber viel Spaß gehabt. Sie schlendern nun weiter durch die Straßen des Love-Hotel-Viertels. Ähm, des was? Ja, genau. Yukiko und Kenji sind auf dem Weg in ein Love Hotel, oder vielmehr: ein *raberu hoteru*. Hier haben sie die Möglichkeit, ein paar ungestörte Stunden zu verbringen – was in der Regel natürlich ein Euphemismus für Sex ist. Und der ist im Love Hotel ganz einfach besser möglich als zu Hause – schließlich wohnen beide noch bei ihren Eltern, und die dünnen Wände tragen nicht gerade zu einer angemessenen Intimsphäre bei. Daher ist ein Ausflug ins Love Hotel bei jungen Paaren weder anstößig noch besonders ungewöhnlich.

Trotzdem wird alles dafür getan, dass der Besuch so privat und ungestört wie möglich abläuft. Schließlich sind nicht alle Paare jung und unverheiratet. So bieten manche Love Hotels eigene Abdeckplaketten für Autokennzeichen, und auch beim Check-in bleibt einem in der Regel menschlicher Kontakt erspart. Yukiko ist gerade dabei, auf dem Touchscreen im Eingangsbereich zwischen den verschiedenen Zimmern hin- und herzuwechseln. Kenji schaut schon ein wenig gelangweilt – ihm ist es relativ egal, wie das Zimmer aussieht. Yukiko kann sich aber nicht so ganz entscheiden zwischen einer plüschig-rosafarbenen Variante und einem Zimmer, das aussieht, als befinde man sich unter Wasser, mitten in einem Aquarium. Ah, die Entscheidung ist gefallen. Yukiko wählt plüschig-rosa, und das Gerät spuckt einen Zettel mit Strichcode und Zimmernummer aus. Ganz einfach.

Kurz darauf betreten die beiden ihr Zimmer. Ein riesiges Doppelbett steht darin. Das ist ziemlich typisch für Love Hotels – früher hatte ein Bett für die Japaner, die gewöhnlich auf Futons auf dem Boden schlafen, einen gewissen Seltenheitswert. Mittlerweile ist es damit natürlich nicht mehr getan. Heute wird das Ensemble gern durch einen Whirlpool, verspiegelte Wände, Massagesessel, eine Karaokeanlage und natürlich diverse Sexspielzeuge ergänzt – wenn man auf die Standardausführung steht. Um die Fantasie ein bisschen in Schwung zu bringen, kann man zusätzlich verschiedene Kostüme leihen: Doktor- oder Krankenschwestern-Outfits, Dienstmädchenkleidung, Schuluniformen, Cheerleader-Kleidchen oder Playboy-Bunny-Kostüme. Und ja, die meisten Outfits sind für die Frauen. Wer es spezieller mag, wählt vielleicht das Ringerinnen-Outfit, eine Art Sado-Maso-Hello-Kitty-Kostüm, die Variante Baby mit Windeln oder, für ganz Hartgesottene: das Brautkleid.

Und wem das Outfit nicht reicht, der kann auch gleich den ganzen Raum thematisch passend zur Lieblingsfantasie wählen. Da gibt es Räume, die aussehen wie ein Klassenraum in der Schule, wie der Waggon einer U-Bahn, ein Zimmer im Krankenhaus oder eine Folterkammer. Klingt schmierig und nach reiner Männerfantasie? Tatsächlich wurde aber die große Mehrzahl – etwa 90 Prozent – aller Räume in Love Hotels von Frauen gestaltet. Denn die Frauen sind es in der Regel auch, die beim gemeinsamen Date das Zimmer aussuchen. Und so ist es absolut selbstverständlich, dass die Zimmer peinlich sauber sind (natürlich, wir sind schließlich in Japan) und die Badezimmer eine luxuriöse Ausstattung mit Pflegeprodukten aufweisen. Die Männer haben in der Hinsicht entweder nicht so viel zu sagen oder ganz einfach andere Prioritäten.

Yukiko freut sich über das Herz aus Rosenblättern, das auf die Bettdecke gestreut ist, und lässt sich direkt mit Schwung daraufallen, sodass die Blütenblätter in alle Richtungen auseinanderfliegen. Kenji pustet ein verirrtes Blütenblatt von Yukikos Bauch und ... ach, lassen wir die beiden an dieser Stelle lieber eine Weile allein.

Love Hotels haben in Japan eine gewisse Tradition. Während der Edo-Zeit (1603–1868) gab es spezielle Stadtteile – sozusagen die Vorläufer der Rotlichtbezirke –, in deren Teehäusern man nicht nur kultivierte Unterhaltung, sondern auch andere Gefälligkeiten bekommen konnte. Später war es dann möglich, in sogenannten »Nudelrestaurants« Zimmer für etwas speziellere Zwecke zu mieten. In den 1920er-Jahren entstanden die ersten Hotels mit exotischen Räumen. Hohe westliche Betten standen darin, außerdem gab es weiche Teppiche, Tapeten und abschließbare Türen ... Und mit der zunehmenden Wohnungsknappheit in den Großstädten, in denen sogar verheiratete junge Paare zusammen mit Eltern und Großeltern unter einem Dach lebten, stieg die Nachfrage an. 1960 eröffnete das »Love Hotel« in Ōsaka, das den heutigen Etablissements ihren Kategoriennamen gab. Ab den 1970er-Jahren glichen die Zimmer dann zunehmend Disney-Themenparks. Hotels mit verheißungsvollen Namen wie »Venus«, »Aphrodite« oder »Eros« machten die Kundschaft neugierig auf ein paar Stunden in einer anderen Welt.

Mittlerweile sind Love Hotels ein gewaltiger Wirtschaftsfaktor. Im ganzen Land gibt es über 30.000 Love Hotels, allein in Tōkyō sind es Hunderte. Da die Zimmer mehrfach am Tag gebucht werden können, haben manche Love Hotels eine Auslastungsquote von über 200 Prozent. Und allein in japanischen Love Hotels wird mehr Umsatz erwirtschaftet als im deutschen Hotelgewerbe insgesamt. Schätzungen zufolge findet etwa die Hälfte aller Sexualakte in Japan in Love Hotels statt. Entsprechend viele Kinder werden dort vermutlich gezeugt. Aber nicht immer ist Sex der Grund für einen Besuch im *raberu hoteru*. Freundinnen treffen sich nach dem Shoppingtrip zum entspannten Klamottenanprobieren, größere Gruppen nach dem Restaurantbesuch zum Karaokeabend, und während eines Sportgroßereignisses mieten sich Freunde ein gemeinsames Zimmer mit großem Flachbildfernseher.

Allerdings scheint sich das goldene Zeitalter der Love Hotels langsam seinem Ende zuzuneigen. Die steigende Anzahl der Singlehaushalte und die zahlenmäßige Abnahme der Hauptzielgruppe der 20 bis 29-Jährigen infolge der überalterten Bevölkerung bescheren den Betreibern schwierige Zeiten. Zum Glück gibt es da die Chinesen. Viele chinesische Touristen, die in großen Strömen das Land bereisen, haben die verhältnismäßig günstigen, aber doch luxuriösen Zimmer der Love Hotels längst für sich entdeckt. Und auch für viele westliche Backpacker sind Love Hotels, neben Airbnb, zu einer willkommenen Alternative zu den herkömmlichen Hotelzimmern und Herbergen geworden. In einst menschenleeren Eingangsbereichen sind Cafés entstanden, und in Automaten, die vorher mit Sexspielzeugen gefüllt waren, werden nun Kosmetika und Pflegeartikel angeboten. 2020, wenn die Olympischen Sommerspiele in Tōkyō stattfinden, sollen 40 Millionen Touristen in Love Hotels unterkommen.

Japanische Kondome – Niedlichkeitsalarm und die richtige Passform

Wie die meisten Japaner verhüten auch Kenji und Yukiko mit Kondomen – mit circa 70 Prozent sind sie in Japan das mit Abstand beliebteste Verhütungsmittel (in Deutschland: circa 35 Prozent). Der größte Unterschied zu deutschen Kondomen ist aber nicht, wie häufig gemutmaßt, die Größe, sondern das Material. Die Längen japanischer und westlicher Kondome unterscheiden sich kaum, im Schnitt um etwa drei bis fünf Millimeter, der Umfang um etwa einen bis zwei Millimeter. Während aber Kondome in Deutschland häufig aus Latex hergestellt werden, bestehen die japanischen Kondome aus Polyurethan. Das hat den Vorteil, dass sie sehr dünn (= gefühlsecht) hergestellt werden können – das dünnste Kondom der Welt kommt aus Japan und ist nur 0,01 Millimeter dick. Der Nachteil: Polyurethan ist kaum dehnbar. Ein schmal geschnittenes Kondom kann also für europäische Verhältnisse ungewohnt (und ungemütlich) eng wirken. Zum Glück gibt es zum Beispiel Super-Big-Boy-Kondome, die mit dem Konterfei eines schwarzen Pferdes (Sie verstehen?) werben. Noch eine Stufe größer: Mega Big Boy – mit dem Bild eines Elefanten. Eine sichere Wahl für alle, die Angst haben, die gewöhnlichen Größen könnten zu eng werden.

Ebenfalls gewöhnungsbedürftig: niedliche Kondome. Viele japanische Kondome sind eher neutral geformt und verpackt – es gibt aber auch Kondome mit Hello-Kitty-Aufdruck, mit niedlichen Bärchen und Honiggeschmack, Kondome, die wie Pikachu geformt sind ... Leidenschaft und Niedlichkeit müssen einander also nicht unbedingt ausschließen.

Moment – was machen eigentlich Yukiko und Kenji gerade? Ah, der Besuch scheint sich gelohnt zu haben, denn beide sehen gut gelaunt aus. Yukiko summt im Bad leise vor sich hin, während sie ein paar Cremes ausprobiert. Kenji zappt derweil durch die Fernsehkanäle, um sich die Zeit zu vertreiben. Beim Verlassen des Love Hotels müssen sich die beiden übrigens keine Gedanken darüber machen, dass sie möglicherweise Freunden, Bekannten, Kollegen oder gar ihren Eltern über den Weg laufen. Praktischerweise hat das Hotel einen gesonderten Ausgang, sie müssen also nicht die Tür nehmen, durch die sie hereingekommen sind. Es gibt einfach Dinge, die können Love Hotels am allerbesten.

VERLIEBT IN EINEN ROBOTER

VON ANDROIDEN, HIGH-TECH-SEXSPIELZEUG UND ASTRO BOY

Als Senri die Tür zu seiner kleinen Wohnung aufschließt, sitzt Amaya schon am Esstisch und wartet auf ihn. Sorgfältig richtet er das *bentō,* das er eben noch am Bahnhof gekauft hat, in der Plastikform auf dem Tisch an und erzählt dabei Amaya von seinem Tag im Büro. Sie ist eine gute Zuhörerin, das schätzt Senri an ihr. Und dass sie immer gut gelaunt und häufig seiner Meinung ist. Während des Essens herrscht einträchtiges Schweigen, auf eine angenehme Art. Senri findet, dass Amaya die neue rosafarbene Bluse gut steht, die er ihr letzte Woche gekauft hat. Sie scheint sich über das Kompliment zu freuen, antwortet aber natürlich nicht. Schließlich ist sie kein echter Mensch, sondern eine Puppe aus Silikon. Eine Sexpuppe, würde Senris Exfrau Rei abfällig sagen. Aber für Senri ist sie viel mehr.

Seit seine Frau ihn vor ein paar Jahren verlassen hat – und das nach über 30 Jahren Ehe –, ist er mit Amaya zum ersten Mal wieder glücklich. Endlich hat er wieder jemanden zum Reden, zum Fernsehen, zum Kuscheln und ja, auch für den Sex. Aber das gehört ja wohl zu einer Beziehung dazu. Andere Männer kaufen sich teure Sportwagen, um sich wieder jung zu fühlen – da sind die umgerechnet 9.500 Euro für eine Lebensgefährtin doch die bessere Investition, findet Senri. Eine Standardversion ohne viele Möglichkeiten der Individualisierung bekommt man schon für etwa 5.500 Euro. Aber Senri hat sich für ein Qualitätsprodukt entschieden. Amayas Haar- und Augenfarbe, die Größe ihrer Brüste und ihren Teint, das alles konnte er mitbestimmen. Aber er hat sich nichts Außergewöhnliches ausgesucht. Dunkle, mittellange Haare, braune Augen, Körbchengröße B ... Senri möchte keinen Pornostar, sondern eine ganz normale Frau. Na gut, Amaya sieht natürlich toll aus und mit Anfang 20 ist sie eigentlich viel zu jung für ihn – aber sie sieht eben auf natürliche Weise schön aus.

Senri ist nicht der Einzige mit dieser Vorliebe. In Japan werden jedes Jahr rund 2.000 dieser täuschend lebensechten Silikonpuppen in Originalgröße verkauft. Die Industrie macht Fortschritte: das Silikon fühlt sich mittlerweile schon fast so an wie echte Haut. Aber nicht nur in Japan läuft das Geschäft. Erste Bordelle, in denen nicht mehr echte Frauen, sondern Sexpuppen ihre Dienste anbieten, gibt es nicht nur in Japan, sondern auch bereits in London und Paris. Und während dort momentan noch eher bessere Barbiepuppen auf ihre Kunden warten (okay, immerhin Barbiepuppen in Originalgröße und mit Geschlechtsteilen), denken die Forscher schon einen Schritt weiter. In Barcelona arbeitet ein Ehepaar daran, ihrem neuen Prototyp »Samantha« das Sprechen (oder zumindest das Stöhnen) beizubringen. Samantha reagiert auf Berührungen und kann sexuelle Lust zumindest vortäuschen – bis hin zum Orgasmus. Mal sehen, ob Samantha es in Zukunft mit ihrer Konkurrenz aus China aufnehmen kann. Dort arbeiten die Forscher an einer Puppe, die über die Witze ihrer Käufer lacht und sogar das Geschirr macht. Klingt so, als müssten sich echte Frauen langsam mal was einfallen lassen ...

Natürlich gäbe es auch andere Anwendungsmöglichkeiten. Mit künstlicher Intelligenz ausgestattet könnten die lebensgroßen Puppen auch in Altersheimen eingesetzt werden und dessen Bewohnern Gesellschaft leisten. Auch für Menschen mit Behinderung oder solche, die sich nach einer traumatischen Erfahrung wieder langsam an den Geschlechtsverkehr herantasten müssen, können sie eine gute Übergangslösung sein. Manche Hersteller bieten auch Puppen an, deren Körper denen von Kindern nachempfunden sind, und wenden sich damit bewusst an Menschen mit pädophiler Neigung. Die offizielle Begründung für dieses Angebot lautet, dass diese sich dann nicht an echten Kindern vergreifen müssten – eine Behauptung, die schwer zu beweisen oder zu widerlegen ist. Zumindest aber scheint es einen Markt für diese Puppen zu geben.

Senris Exfrau Rei kann darüber nur den Kopf schütteln. Sie ist froh, dass Senri seine Puppe wenigstens nicht nach draußen mitnimmt, wie manche anderen Männer es tun. Was würden da bloß die Nachbarn sagen ... Ihre Ehe mit Senri hat sie nicht wegen eines anderen Mannes beendet. Und ganz bestimmt auch nicht wegen einer männlichen Sexpuppe. (Mit einem Gewicht von circa 40 bis 55 Kilo, je nach Modell, sind diese für Frauen auch nicht ganz so praktisch.) Nein, Rei hatte es gestört, dass sie und ihr Mann nach dem Auszug ihrer Tochter Saki so gar kein Gesprächsthema mehr hatten. Und auch keine Gemeinsamkeit. Und der Sex ... Der wurde deutlich weniger, nachdem Saki auf die Welt gekommen war, und schließlich hörten sie damit ganz auf. Rei fasste sich also ein Herz und zog einen Schlussstrich unter ihre Ehe. Natürlich fühlt auch sie sich nun ab und zu einsam. Aber sich deshalb in eine Puppe verlieben? Auf keinen Fall. Aber gut – Rei bekam kurz nach der Trennung von Saki einen kleinen Roboterhund geschenkt: Aibo. Den hatte Rei nach einer Weile so weit trainiert, dass er Pfötchen geben und Stöckchen holen konnte. Wenn sie Aibo streichelte, antwortete er mit einem freundlichen Augenaufschlag oder einem Bellen. Ein paarmal erwischte Rei sich auch dabei, wie sie mit dem Roboterhund redete. Und als die Akkus sich nicht mehr richtig aufladen ließen, wollte sie das Austauschmodell nicht, das ihr der Herr im Laden anbot, sondern bestand darauf, dass ihr Aibo repariert würde. Und jetzt folgt er ihr wieder fröhlich (zumindest wirkt er fröhlich, findet Rei) durch die Wohnung. Mittlerweile hat Sony die Produktion dieses Roboterhündchenmodells eingestellt. Rei hofft daher, dass ihr Gefährte noch ein Weilchen hält. Falls es mit ihm aber doch einmal zu Ende gehen sollte und sie keine passenden Ersatzteile mehr auftreiben kann, hat Rei die Möglichkeit, sich mit einer buddhistischen Trauerfeier standesgemäß von ihrem Aibo zu verabschieden. Initiiert werden solche Trauerfeiern von einem Unternehmen, das die verbauten Teile der Roboterhunde im Anschluss weiterverwertet – ganz im Sinne der buddhistischen Idee der Wiedergeburt. Sony hat übrigens schon eine Neuauflage von Aibo vorgestellt – diesmal ausgestattet mit künstlicher Intelligenz. Rei ist sich aber nicht sicher, ob sie wirklich einen neuen Aibo möchte. Und mit 1.600 Euro sind die neuen Modelle auch nicht ganz billig.

Auch in der Industrie wird in den letzten Jahren verstärkt auf Roboter gesetzt, und das löst bei ihren menschlichen Kollegen manchmal gemischte Gefühle aus. Nicht dass sie ihre Roboterkollegen hassen oder fürchten, dass diese ihnen die Arbeitsplätze wegnehmen. Im Gegenteil – manche Arbeiter geben ihren künstlichen »Kollegen« sogar Namen. Japans überalterte Gesellschaft ist sich der Tatsache bewusst, dass sie die Hilfe von Robotern braucht. Schon jetzt ist etwa ein Viertel der Bevölkerung über 65 Jahre alt. Und in den nächsten Jahren wird diese Zahl weiter steigen. Tausende von Fabrikarbeitern werden in Rente gehen und müssen ersetzt werden. Aber von wem? In manchen Industrien arbeiten daher schon jetzt Roboter und Menschen Seite an Seite. Und die Roboter fallen durch ihre niedrige Krankheitsrate und ihre hervorragende Arbeitsmoral auf. Wenn die menschlichen Arbeiter in die Pause gehen oder Feierabend machen, arbeiten die Roboter weiter. Manche Arbeiter fühlen sich ein wenig schuldig deswegen.

Der Roboter Kirobo war sogar schon im All – als Gesprächspartner hat er den japanischen Astronauten Koichi Wakata bei seinem Aufenthalt auf der ISS begleitet. Ein erster Test für das Zusammenleben von Mensch und (sprechender) Maschine im All. Und anscheinend hat Kirobo Humor – bei der Rückkehr auf die Erde waren seine ersten Worte: »Von oben glüht die Erde wie eine blaue LED.«

Manchmal unterstützen Roboter den Menschen aber noch direkter im Arbeitsleben. Am Flughafen zum Beispiel tragen die Angestellten, die schwere Koffer aufs Gepäckband hieven müssen, Exoskelett-Anzüge, die sie bei der Arbeit unterstützen und ihnen sozusagen übermenschliche Kräfte verleihen. Das klingt ein bisschen nach *Iron Man* und ist es im Ansatz auch –

sieht halt nur noch nicht ganz so cool aus. Das Unternehmen dahinter nennt sich übrigens Cyberdyne Inc. – genau wie die fiktive Firma Cyberdyne Systems aus dem US-Film *Terminator*, in dem die von diesem Unternehmen hergestellten Roboter die Herrschaft über die Menschheit anstreben. Vielleicht kein ganz so schlauer Schachzug, diese Namensgebung? Bis jetzt scheint das Unternehmen damit durchzukommen ...

Andere Roboter sind im Gesundheitswesen tätig. Japanische Medizinstudenten trainieren an Androiden mit menschlichen Krankheitssymptomen, die jeweilige Krankheit zu diagnostizieren und zu behandeln. Der Roboter Paro, der wie eine kuschelige weiße Robbe gestaltet ist, wurde schon mit gutem Erfolg bei Demenzkranken eingesetzt. Viel kann Paro eigentlich nicht. Aber wenn er gestreichelt oder angesprochen wird, reagiert er darauf mit Augenzwinkern, Bewegungen und robbenähnlichen Geräuschen.

Da ist Pepper schon ausgefeilter. Der humanoide Roboter hat zwar menschliche Züge, sieht aber nicht menschenähnlich genug aus, um den sogenannten Uncanny-Valley-Effekt hervorzurufen. Demnach nimmt die Akzeptanz von Robotern zu, je menschenähnlicher sie werden – aber eben nur bis zu einem bestimmten Grad. Sobald sie schon sehr menschenähnlich sind, aber eben noch nicht vollkommen perfekt, rufen sie ein unbehagliches Gefühl beim Betrachter hervor. Sie wirken dann unechter als zum Beispiel der elektronische *Star Wars*-Held R2D2, der gar nicht erst versucht, wie ein Mensch auszusehen. Oder eben Pepper.

Pepper sieht ein bisschen aus wie eine Mischung aus Kleinkind und Salzstreuer. Ein Kopf mit großen Augen, zwei Arme, statt der Beine eine runde Standfläche. Seine Oberfläche ist weiß und glatt. Pepper kann – laut den Angaben seines Herstellers SoftBank Robotics – erkennen, wie es uns geht, Konversationen führen (mit quietschiger Piepsstimme) und verschiedene Jobs erledigen (sofern dafür zum Beispiel Beine nicht zwingend erforderlich sind). In Deutschland wird Pepper bevorzugt von Innovationsabteilungen großer Unternehmen gekauft, um Messeauftritten und Imagefilmen einen futuristischen Touch zu verleihen. In Japan hat Pepper ganz verschiedene Jobs. Er begrüßt Kunden, wenn diese ein Geschäft betreten, unterhält Kinder in Einkaufszentren, nimmt Bestellungen in Restaurants auf … Man kann ihn sogar – was allerdings noch nie geschehen ist – als buddhistischen Priester für Beerdigungszeremonien buchen. Der Service kostet nur ein Bruchteil dessen, was ein menschlicher Priester für eine solche Zeremonie bekommt. Aber wer will schon das Ritual für einen Verstorbenen von einem überdimensionierten Salzstreuer mit Quietschstimme durchführen lassen? Dagegen werden über 500 Exemplare von Pepper in Seniorenheimen eingesetzt. Hier helfen sie dabei, die Menschen zu einfachen Übungen zu animieren, oder unterhalten sie ganz einfach.

Seit der Geburt (oder: dem Launch) von Pepper wurden monatlich 1.000 Exemplare verkauft. Über 3.000 davon werden in japanischen Privathaushalten verwendet. Einer davon ist der von Tomomi Ota. Die Musikerin lebt mit Pepper zusammen, nimmt ihn in einem Fahrgestell wie ein Kind überallhin mit hin und tritt gemeinsam mit ihm auf. Ihre gemeinsamen Erlebnisse dokumentiert sie auf Instagram. Auch der kleine Roboter Robohon ist für Privatleute gedacht. Mit knapp 20 Zentimetern Größe ist er ein bisschen handlicher als der etwa 1,20 Meter große Pepper. Robohon ist im Grunde ein Mobiltelefon in niedlicher Ausführung. Man kann mit ihm telefonieren (okay, es sieht vielleicht etwas befremdlich aus, sich einen Roboter ans Ohr zu halten), E-Mails verschicken, fotografieren, filmen, sich von ihm an Termine erinnern lassen oder – cool – mit seiner Hilfe Bilder oder Filme an die Wand projizieren. Aber Robohon kann eben auch laufen, tanzen und »Ich hab dich lieb« sagen.

Schwer vorstellbar, dass Robohon in Deutschland ein Verkaufsschlager werden könnte – aber was macht die Menschen in Japan so anders im Umgang mit Robotern und Androiden? Einige schieben es auf Astro Boy. Die Comicfigur aus dem Jahr 1951 ist ein Android, den ein Wissenschaftler nach dem Vorbild seines verstorbenen Sohnes erschaffen hat. Damals, kurz nach dem Schrecken des Atombombenabwurfs auf Hiroshima und Nagasaki, war Astro Boy ein Symbol für den Wiederaufbau und für die Überwindung der technischen Unterlegenheit, die viele nach dem Atomschlag der USA gegen Japan empfanden. Astro Boy also, der sympathische Roboter aus dem Osten, gegen den bösen Terminator-Roboter aus dem Westen? Sind deshalb Japaner viel roboteraffiner als Europäer oder Amerikaner? Ganz so einfach ist es nicht – schließlich wird nicht nur der Terminator schon im zweiten Teil des Films einer von den Guten, außerdem gibt es da noch weitere nette Exemplare, wie etwa Robocop (aus dem gleichnamigen Film, 1987), Nummer fünf (*Nummer fünf lebt,* 1986), R2D2 und C3PO (*Star Wars,* 1977), K.I.T.T. (*Knight Rider,* 1982), Robbi (*Robbi, Tobbi und das Fliewatüüt,* 1967) und natürlich WALL-E (*WALL-E,* 2008).

Wenn also nicht Astro Boy die Ursache ist, ist es dann vielleicht der Shintōismus? Im Shintōismus kann theoretisch jeder Gegenstand (Bäume, Steine, Gewässer, was auch immer) beseelt sein – warum dann nicht auch ein Roboter? Das kann

schon sein. Andererseits neigen nicht nur Japaner dazu, un-
beseelten Gegenständen einen Charakter zuzusprechen. Hollywood hat dem Phänomen mit *Toy Story* (1995) sogar einen
ganzen Film (okay, eigentlich sind es sogar vier) gewidmet.
Und reden wir nicht auch alle manchmal mit Siri oder Alexa,
als wären sie lebendig?

Vielleicht sind Japaner also gar nicht so viel roboterbegeis-
terter als andere. Pepper mag zwar in manchen Geschäften
die Kunden begrüßen, zum Plaudern stehen bleiben mag aber
kaum jemand. Yukiko findet Robohon zwar niedlich, gekauft
hat sie ihn aber nicht, sondern sie nutzt weiterhin ihr ganz
normales Smartphone. Und Kenji findet es mehr als befremdlich, sich vorzustellen, sein Bett statt mit Yukiko mit einer lebensgroßen Puppe zu teilen.

Wie auch immer der Einzelne zu Robotern und Androiden
stehen mag – dem Technikstandort Japan hilft die Etablierung
des Landes als Innovationstreiber und Robotikspezialist. Einige Wissenschaftler haben diesem Thema ihr ganzes Leben
gewidmet. Einer von ihnen ist Hiroshi Ishiguro. Sein Institut
in Ōsaka gehört zu den weltweit führenden Forschungsein-
richtungen für Roboter. Seit langer Zeit schon war Ishiguro
fasziniert von dem Gedanken, nicht irgendeinen Metallrobo-
ter zu erschaffen, sondern einen menschenähnlichen Roboter.
Seine Überzeugung: Menschen verhalten sich gegenüber einem menschenähnlichen Androiden anders und bauen eher
eine emotionale Bindung zu ihm auf.

So produzierte Ishiguro im Jahr 2002 seinen ersten Androiden – Repliee R1, modelliert nach seiner fünfjährigen Tochter
Risa. Ein liebender Vater konstruiert sein Lebenswerk nach

seiner kleinen Tochter – das klingt romantischer, als es ist. Erst mal musste ein Ganzkörperabdruck des Mädchens erstellt werden, für den die arme Risa mehrere Stunden lang in Gips eingepackt daliegen musste, bis alles vollständig getrocknet war. Lediglich die Nasenlöcher waren mit Strohhalmen freigelassen worden. Und auch wenn Risa danach zur Belohnung gleich mehrere Hello-Kitty-Figuren geschenkt bekam, darf doch bezweifelt werden, ob Ishiguro ein anderes fünfjähriges Mädchen (und seine Eltern) zu dieser Prozedur hätte überreden können.

R1 war noch nicht ganz ausgereift und bewegte sich doch noch recht roboterhaft (um es nett zu sagen und keine Vergleiche mit Zombies zu bemühen – das Budget war eben begrenzt), aber Ishiguro merkte, dass er auf dem richtigen Weg war. Drei Jahre später dann entstand ein neues Modell: Q1 Expo – diesmal nicht nach einem Kind, sondern nach einer bekannten Nachrichtensprecherin modelliert. Und schließlich entstand der Android, der Ishiguro international bekannt machte. Ishiguro nannte ihn HI, nach seinen eigenen Initialen. Der Android ist nach seinem Ebenbild geschaffen, Ishiguro schnitt sogar seine Haare ab und spendete sie dem Androiden. Sein Roboter-Ebenbild verschafft ihm nicht nur Aufmerksamkeit, es spart auch Zeit. Während er selbst weiterhin am Institut forschen kann, fährt HI auf Vortragsreisen durch die Welt, begleitet von einem Assistenten – wobei Ishiguro den Androiden vom fernen Ōsaka aus steuert und selbst spricht. Natürlich hat so ein Ebenbild auch seine unpraktischen Seiten. Seine Studenten witzeln ab und zu, dass HI inzwischen doch um einiges jünger aussieht als Ishiguro selbst. Blöd, wenn das eigene Aussehen immer an einem niemals alternden Zwilling gemessen werden kann.

Mittlerweile hat Ishiguro mehr als 30 Androiden gebaut. Für Geminoid F hat seine Frau Modell gestanden – Geminoid F ist übrigens die erste Androidin, die die Hauptrolle in einem Film (*Sayonara,* 2015) spielte, und zwar ohne dass jemand in ein Roboterkostüm schlüpfen musste. Dennoch bezeichnet Ishiguro sein neuestes Modell Erica als die schönste (und intelligenteste) Androidin der Welt. Fest steht jedenfalls, dass sie erstaunlich echt aussieht und die Szenarien der Fernsehserie *Westworld* auf einmal viel realistischer wirken. Erica ist mit künstlicher Intelligenz ausgestattet, kann Gesichter und Stimmungen erkennen und eigenständige Unterhaltungen führen; dabei wirkt sie schon recht menschlich.

Vielleicht werden Ericas Nachfolgerinnen uns eines Tages ganz selbstverständlich in Bars bedienen, uns Schuhe verkaufen oder uns in Hotels begrüßen – in der Provinz Nagasaki hat bereits ein Hotel eröffnet, das fast ausschließlich von Robotern betrieben wird. Die Besucher können entscheiden, ob sie lieber bei der freundlichen Androidin einchecken oder beim nicht minder freundlichen Velociraptor. Ja, richtig gelesen: ein Velociraptor – zum Glück ebenfalls nur ein Roboter. Ein selbstfahrender Roboter bringt die Koffer aufs Zimmer, und dort schaltet ein weiterer freundlicher kleiner Roboter das Licht an und aus oder weckt den Hotelgast nach Bedarf.

Was auch immer die Zukunft bringen wird – für den geschiedenen Senri kann Erica, die angeblich schönste Androidin der Welt, seiner Amaya einfach nicht das Wasser reichen. Dennoch spart er schon für die zweite Puppe. Amaya ist sonst einfach zu lange alleine, wenn er bei der Arbeit ist.

OPFER DER MACHT

VON ÜBERGRIFFIGEN VORGE-
SETZTEN, EINER EINSAMEN
HOTLINE UND PROMINENTEN
SEXUALSTRAFTÄTERN

Während in Hollywood Medienmogul Harvey Weinstein in einem sehr knapp sitzenden Morgenmantel einer jungen Schauspielerin die ganz große Karriere im Austausch gegen ein paar Streicheleinheiten an noch näher zu beschreibenden Körperpartien in Aussicht stellt, erlebt Saki im knapp 9.000 Kilometer westlich gelegenen Yokohama eine ähnliche Situation mit einem ebenfalls mächtigen und – wie sich sehr bald herausstellen wird – vergleichbar skrupellosen Mann. Beim Vorstellungsgespräch war Yosano-san noch sehr höflich gewesen und hatte sich ausschließlich für Berufliches interessiert. Nur wenige Wochen nach ihrer Einstellung legte ihr Abteilungsleiter – ein verheirateter Mann Anfang 50 mit einer erwachsenen Tochter – allerdings seine Zurückhaltung mehr und mehr ab. Er forderte gemeinsame Drinks nach der Arbeit ein, was in Japan bei vielen Jobs einfach dazugehört –

normalerweise aber zusammen mit einigen Kollegen oder gar der ganzen Abteilung. Takumi Yosano bestand indes darauf, mit Saki alleine zu gehen. Die anderen seien doch entweder zu dumm oder zu laut oder Menschen mit schwachem Charakter. Auf Motomu – einen jungen Kollegen, der etwa zeitgleich mit Saki angefangen hatte – träfen sogar alle drei Beschreibungen zu, sagte Yosano-san gern und oft. Manchmal sogar, wenn Motomu dabei war. Anfangs fühlte sich Saki durch diese bevorzugte Behandlung noch geschmeichelt und führte die Anerkennung auf ihre schnellen beruflichen Erfolge zurück. Allerdings verschoben sich die Komplimente schon bald vom Themenfeld Arbeit hin zu ihrem Erscheinungsbild. Und ab einem bestimmten Tag im Sommer machte Yosano-san nicht mehr nur Bemerkungen zu ihren Haaren, ihrer Kleidung und ihrer Figur, sondern begann auch, sehr private Fragen zu ihrem Sexualleben und ihren Vorlieben im Bett zu stellen. Passierte dies zunächst nur nach einigen Gläsern Bier und japanischem Whisky, gab es bald auch im Büro kein Halten mehr für ihn. Saki ist die Situation längst unheimlich geworden.

Miyoko, eine Kollegin aus dem Controlling, winkt ab, als Saki sie in der Mittagspause bei einer Schüssel Nudelsuppe auf die Sprüche des Vorgesetzten anspricht: »Yosano ein Perverser? Auf keinen Fall. Das ist einer, der seine Socken und seine Unterhosen bügelt. So ein ganz Konservativer. Da musst du dir keine Sorgen machen. Lächle einfach und ignoriere, was er erzählt. Und wenn er wieder mit dir trinken gehen möchte, schiebe Ausreden vor wie einen pflegebedürftigen Verwandten. Oder ich komme einfach beim nächsten Mal mit.«

Hat sie sich Yosano-sans Avancen wirklich eingebildet? Waren das einfach nur nett gemeinte, aber schlecht formulierte Komplimente eines alternden Mannes? »Früher war so etwas bestimmt einfach üblich. Er hat sich noch nicht an die Zeit angepasst.« Saki erinnert sich an Spielfilme aus einer gar nicht so lange zurückliegenden Vergangenheit, als Männer ihren Kolleginnen als Bestätigung für eine gut ausgeführte mindere Arbeit einen Klaps auf den Po gaben. Die derart »gelobten« jungen Frauen gaben einen kurzen Protestlaut von sich, lächelten dann aber doch, augenscheinlich zufrieden.

Yosano trommelt leise mit den Spitzen von Mittel- und Zeigefinger auf Sakis Schreibtisch. »Haben Sie das Angebot für den Nakagawa-Konzern fertig, Saki-chan?« »Hat er wirklich gerade *chan* gesagt?«, überlegt Saki. Das Trommeln mit den Fingern wird lauter, fordernder. »Saaakiii-chan?« Kein Zweifel, ihr Chef hat die Verniedlichungsform benutzt. »Ja, habe ich«, antwortet sie. »Gut«, befindet er und hält kurz mit dem Klopfen inne, während er unverhohlen auf den mittigen Bereich ihrer Bluse starrt. Er klopft weiter, lauter als zuvor, sodass auch Motomu drei Schreibtische weiter aufblickt, dann aufsteht und das Großraumbüro in Richtung Kaffeeküche verlässt.

»Sie mögen es hart beim Sex, Saki-chan, oder?«

Da ist es wieder. Missverständnis ausgeschlossen. »Ich, ich ... ich weiß nicht. Sie ...« Verwirrt steht Saki auf und stolpert in die Richtung, in die zuvor Motomu verschwunden ist. Jeder ihrer Schritte wird begleitet von Yosanos Klopfen auf ihrem Schreibtisch, das nur allmählich leiser wird. Sie zuckt zusammen, als er ihr hinterherruft: »Das können wir nachher in unserer Bar klären!«

»Da kann ich unmöglich hingehen«, beschließt Saki, als sie mit zitternden Händen einen Schluck grünen Tee aus ihrer Tasse nimmt. Wie kann er so etwas machen? »Ich muss ...« Aber er hat sie doch eingestellt. Sie schon in den ersten Wo-

chen so stark gefördert. Viel mehr als andere. Das ist sie ihm
doch schuldig ... Motomus überlautes Seufzen schreckt sie aus
ihren Gedanken auf. Er hat den Großteil einer Flasche Ra-
mune-Limonade auf Arbeitsplatte, Hemd, Hose und Schuhe
geschüttet. Sie reicht ihm ein Handtuch und verlässt verwirrt
den fensterlosen und stets überheizten Aufenthaltsraum. Sie
muss noch mal mit Miyoko reden.

An dem Abend taucht in der Bar, für Yosano überraschend,
auch Miyoko aus dem Controlling auf. Und zum ersten Mal
seit Langem verläuft der Abend wie ein gewöhnliches *nomikai*
unter Kollegen. Saki will schon erleichtert aufatmen. Tatsächlich ändert sich in den darauffolgenden Tagen der Umgang
des Abteilungsleiters mit ihr. Anfangs glaubt sie noch an einen
Zufall, als sich anstrengende, aber anspruchslose Aufgaben auf
ihrem Schreibtisch häufen. Die Herabsetzung wird erst ein-
deutig, als Yosano beginnt, ihr alle strategisch wichtigen Pro-
jekte zu entziehen und an Kollegen wie den viel geschmähten
Motomu zu verteilen. Ohne dass Saki nachfragt, liefert ihr
Vorgesetzter bei einem Abteilungsmeeting auch eine Begründung für sein Handeln: Sie sei mit ihren Aufgaben ganz offensichtlich überfordert, und er wolle sie schonen, bis sie sich
etwas besser eingearbeitet habe. Vielleicht seien aber auch die
Themengebiete einfach nichts für sie und andere Abteilungen
oder Unternehmen spannender.

Saki schätzt das anders ein und bittet Ono-san, Yosanos direkten Vorgesetzten und einen der Vizepräsidenten ihrer Firma,
um ein Gespräch. Nach einigem Zögern schildert Saki ihre Erlebnisse mit ihrem Abteilungsleiter und ihre Feststellung, dass
seine verbalen Übergriffe von Tag zu Tag zugenommen hätten
und dass im Rahmen des abendlichen Trinkens auch hin und
wieder eine Hand von Yosano auf ihrem Bein oder Arm gelegen

habe. Als sie, den Tränen nahe, ihre Geschichte beendet, schaut Ono eine Weile regungslos auf den Schreibtisch, der die beiden voneinander trennt. Das Schweigen scheint, genau wie das hochfrequente Pfeifen des Kompaktdruckers auf Onos Schreibtisch, von Sekunde zu Sekunde lauter zu werden. »Nun ...«, setzt er mit leiser Stimme an, »das ist ein Problem, oder?« Saki nickt. »Nun ...« Ono nimmt einen Bleistift in die Hand und dreht ihn langsam zwischen Daumen und Zeigefinger: »Das ist wohl wirklich eine unerfreuliche Angelegenheit.« Er schaut kurz von dem Bleistift auf, und ihre Augen treffen sich für den Bruchteil einer Sekunde. »Haben Sie ihm bereits gesagt, dass sie das nicht möchten?« »Was für eine dumme Frage! Es ist doch klar, dass ich das nicht möchte. Das muss ich ihm doch gar nicht erst sagen«, denkt Saki, schüttelt aber nur den Kopf. »Gut«, erwidert Ono und notiert die Kanji des Namens Takumi Yosano akkurat in der Mitte eines ansonsten noch komplett weißen Zettels: »Danke, dass Sie mich darüber informiert haben.«

Noch bevor Saki aufgefallen ist, dass Ono nichts zu der Sache an sich gesagt hat – geschweige denn, was er wegen Yosanos übergriffigem Verhalten zu tun gedenkt –, ist der Vizepräsident schon aufgestanden und hat sich leicht verbeugt. Ein sicheres Zeichen dafür, dass Saki sein Büro verlassen soll.

Die Tage und Wochen ziehen ins Land. Sakis Aufgaben bleiben weit unter ihrer Qualifikation, wenn sie überhaupt noch Arbeit zugeteilt bekommt. An Yosanos Verhalten kann Saki nicht erkennen, ob ein Gespräch zwischen ihm und Ono stattgefunden hat, und wenn ja, welche Konsequenz es hatte. Im Büro ist mehr oder weniger alles wie immer.

»Das gibt's doch nicht«, protestiert Yukiko, die die ganze Geschichte von Anfang an kennt und ihre Freundin auch zu dem

unangenehmen Gespräch mit dem Vizepräsidenten über-
redet hat.: »Du musst das öffentlich machen. Schreib einen
Blogeintrag, melde dich bei einem Magazin oder einer Tageszeitung. Oder twittere darüber.« Saki zieht die Stirn in Falten
und schaut Yukiko streng an: »Dann weiß doch jeder, was mir
passiert ist!« Yukiko fischt mit ihren Essstäbchen eine dünne
Scheibe Fleisch aus der köchelnden *shabu shabu*-Brühe, dippt
es konzentriert in das kleine Schüsselchen mit Sesamsoße und
tunkt es dann in ihre Schüssel mit Reis. »Aber darum geht es
doch«, antwortet sie schließlich mit vollem Mund. Saki rutschen mühsam zusammengesammelte Chrysanthemenblätter
von ihren Stäbchen zurück in die dampfende Fonduebrühe.
»So wie bei dieser Frau, die über diesen ganzen Mist bei Dentsu berichtet hat und als Antwort darauf mit Morddrohungen
und fiesen Beschimpfungen überschüttet worden ist?«

Tatsächlich haben diese Berichte über sexuelle Belästigung in der größten Werbeagenturgruppe Japans ein großes
Medienecho hervorgerufen. Man geht davon aus, dass der
Hashtag #MeToo hier erstmals Einzug in die japanische Öffentlichkeit hielt. Alleine auf Twitter bezogen sich innerhalb
von zwei Tagen mehr als 70.000 Tweets auf einen Blogpost,
in dem eine Dentsu-Angestellte von sexuellen Übergriffen im
Agenturalltag berichtet hatte. Das Feedback fiel gleicherma-
ßen ernüchternd wie erschreckend aus: In vielen Tweets wurde der Belästigten mitgeteilt, sie solle ihre Meinung für sich
behalten. Frauen posteten, jeder sei selbst verantwortlich für
das, was ihm widerfahre. Zwei Monate später war der Blogeintrag gelöscht, und das Opfer distanzierte sich von den eigenen
Aussagen – aus Angst, ihren Job zu verlieren.

»Okay, aber so geht es ja nicht weiter«, antwortet Yukiko,
und Saki ist sich nicht sicher, ob sich dieser Kommentar auf

ihre aktuelle Jobsituation oder auf Yukikos erfolglose Suche nach Fleisch und Gemüse in der Brühe bezieht. Ihre Freundin schüttet die von einem Kellner bereitgestellten Nudeln in die verbliebene Brühe: »Saki, es ist deine Entscheidung. Aber wenn der Typ damit durchkommt, macht der das vielleicht immer wieder. Und wer weiß, was nach Sprüchen und Antatschen noch so kommt. Schweigen schützt dich nicht. Wenngleich ich dich gut verstehen kann. Wahrscheinlich machen nur die wenigsten Frauen solche Erfahrungen öffentlich.« »Ja, und er hat doch auch eine Familie. Denk doch mal an die. Wie die sich fühlen, wenn das überall diskutiert wird.«

Die Dunkelziffer bei sexuellen Übergriffen ist in Japan in der Tat immens, schließlich ist jeder einzelne Übergriff nicht nur eine höchst unangenehme Erfahrung, sondern auch eine sehr private Angelegenheit, die ungern in die Öffentlichkeit getragen wird. Sexuelle Belästigungen tauchen nicht in öffentlichen Statistiken auf, da sie in Japan keinen Straftatbestand darstellen. Laut einem Gesetz aus dem Jahr 1997 sind leitende Angestellte zwar verpflichtet, sexuelle Belästigungen zu unterlassen, allerdings werden sie nicht bestraft, falls sie doch übergriffig werden. Außerdem müssen viele Betroffene, wie Saki, erleben, dass sie in ihrem Unternehmen kaum Hilfe bekommen – auch dann nicht, wenn es zu massiven verbalen oder körperlichen sexuellen Übergriffen kommt. Gut möglich, dass dies deshalb so ist, weil in den Schlüsselpositionen der Unternehmen in der Regel Männer sitzen, die Beschwerden ihrer Kolleginnen nicht ernst genug nehmen. Hinzu kommt die japanische Eigenart, gesellschaftliches Aufsehen möglichst vermeiden zu wollen. Schließlich steht im gemeinschaftlichen Selbstverständnis der Japaner nicht die Frage nach Richtig oder Falsch an erster Stelle, sondern die nach der Relevanz eines Ereignisses für die Gruppe. Mache ich mit einer Handlung, in diesem Fall dem Publikmachen eines Übergriffs, anderen Ärger? Wenn ja, unterlasse ich sie lieber – schließlich lautet ein altes Sprichwort: Ein Nagel, der heraussteht, wird eingeschlagen. Diese Redensart und die daraus ableitbaren Verhaltensregeln lernen die meisten Japaner schon als Kind.

Institutionelle Stellen, an die sich Betroffene auf der Suche nach Rat oder Unterstützung wenden können, sind in Japan sehr rar. In Tōkyō, der größten Metropolregion der Welt, gibt es nur eine einzige Vergewaltigungshotline – eine Hotline für 38 Millionen Menschen.

Bei dieser Hotline rief im Jahr 2015 auch Shiori Ito an, das japanische Gesicht der weltweiten #MeToo-Bewegung. Sie berichtete dem Mitarbeiter der Hotline, dass Noriyuki Yamaguchi, ein Journalist, der in Japan unter anderem mit seiner Biografie des amtierenden Premierministers Shinzō Abe bekannt wurde, ihr bei einem gemeinsamen Essen etwas in ihr Getränk geschüttet und sie danach in seinem Hotelzimmer vergewaltigt habe. Die Hilfestellung ihres telefonischen Gegenübers beschränkte sich darauf, ihr zu empfehlen, den Vorgang nicht anzuzeigen. Dies würde sie so bekannt machen, dass sie in Japan nie wieder arbeiten könnte und ein gesellschaftliches Leben nicht mehr möglich wäre.

Eine Vergewaltigung ohne jegliche Konsequenzen? Das ließ sich – verständlicherweise – nicht mit Itos Wunsch nach Gerechtigkeit unter einen Hut bringen. Bei der Polizei folgte Ernüchterung. Als sie ihr erlebtes Leid schilderte, wollten die Beamten ihre Anzeige zunächst gar nicht aufnehmen. Erst als sie drängte und darauf hinwies, dass man sicherlich die Aufnahmen der Überwachungskameras des Hotels als Beweis für ihre Aussage heranziehen könne, kam Bewegung in die

Angelegenheit. Tatsächlich existierte eine Aufzeichnung, auf der Yamaguchi zu sehen ist, wie er Ito, die bewusstlos oder zumindest stark in ihrer Wahrnehmung beeinträchtigt ist, in sein Zimmer schleift. Die Polizei nahm die Anzeige auf, und Ito machte ihr Erlebnis publik, da sie den Eindruck gewonnen hatte, dass die Beamten den Fall möglichst schnell zu den Akten legen wollten.

Die Medien griffen den Fall dankbar auf. Geschichten mit Prominenten und Sex laufen auch im japanischen Inselreich sehr gut. Als der Fall zusehends an Fahrt gewann und auch erste Zeitungen von einer bevorstehenden Verhaftung Yamaguchis berichteten, zog die oberste Polizeibehörde den Haftbefehl zurück. Kurz darauf wurde der Fall aus »Mangel an Beweisen« eingestellt.

Ito wurde kurz darauf von einer Verlegerin angesprochen, die ihr empfahl, ihre Erlebnisse in Form eines Buchs öffentlich zu machen. Anders als bei Artikeln und Interviews laufe sie bei dieser Veröffentlichungsform nicht Gefahr, dass Journalisten ihre Geschichte veränderten oder gar umdeuteten. Das Buch erschien schließlich als erstes japanisches Werk zum Thema #MeToo. Der Titel: *Blackbox.* So hatten Polizisten ihren Fall bezeichnet, da »niemand wisse, was wirklich in dem Hotelzimmer passiert sei«.

Shiori Itos Buch legte den Grundstein für eine kleine, langsam wachsende #MeToo-Bewegung in Japan. Demonstrationen mit mehreren hundert Teilnehmerinnen und Teilnehmern, wie sie seit dem Frühling 2018 mehrfach in Tōkyō und anderen japanischen Städten stattfinden, sollen auf die Missstände aufmerksam machen und ein gesellschaftliches Umdenken im Hinblick auf das Problemthema beschleunigen. Medien berichten vermehrt, auch unter Nutzung des

Hashtags, von neuen Fällen sexueller Belästigung. Beispielsweise sorgte Junichi Fukuda, ein hoher Offizieller des Finanzministeriums, für ausgeprägte Schlagzeilen im Themenfeld #MeToo, indem er eine Reporterin bei einem Interview mit Fragen wie »Kann ich ihre Brüste berühren?« mehrfach massiv bedrängte. Fukuda bestritt die Vorwürfe, woraufhin die Reporterin einen Audiomitschnitt des fraglichen Interviews mit allen verbalen Entgleisungen des Beamten online stellte. Finanzminister Tarō Aso machte sich selbst zur Zielscheibe öffentlicher Empörung, indem er den Vorfall mit dem Satz kommentierte: »Wir können nicht ausschließen, dass er (Fukuda) in eine Falle getappt ist.« Die ausbleibende inhaltliche Auseinandersetzung mit diesem und anderen, ähnlich gelagerten Fällen seitens der Regierung und führender Politiker vergrößerte die Unterstützerschaft der #MeToo-Bewegung. Fukuda trat schließlich von seinen Ämtern zurück, während Seiko Noda – Ende 2018 eine von zwei Frauen im Kabinett von Premierminister Abe – eine Verschärfung der geltenden Gesetze in Aussicht stellte.

Ito selbst sah sich, wie sie in einem Interview mit einem französischen Nachrichtenkanal berichtete, nach ihrem Gang an die Öffentlichkeit Beschimpfungen und Bedrohungen ausgesetzt. Um all dem zu entgehen, ist sie mittlerweile nach London gezogen und unterstützt von hier aus die #MeToo-Bewegung. Um zu unterstreichen, dass nicht nur sie selbst betroffen ist, und um dem japanischen Gesellschaftsverständnis Rechnung zu tragen, bei dem eine Gruppe immer wichtiger ist als eine Einzelperson, nutzt sie übrigens, seitdem sie im Exil lebt, einen angepassten Hashtag: #WeToo.

Saki und ihre Kollegin Miyoko haben indes ihre Kolleginnen und Kollegen vor Abteilungsleiter Yosano gewarnt. Ein-

mal hat Saki im Aufenthaltsraum mitbekommen, wie Motomu Geschichten über wilde Sexpartys des Chefs erzählte, bei
denen die Teilnehmer nicht ausschließlich Menschen waren.
Diese Storys stimmen ihres Wissens zwar nicht, sind im Hinblick auf Yosanos Charakter aber auch nicht gänzlich abwegig.
Wahrscheinlich ist es jetzt ohnehin an der Zeit, die Versetzung
in eine andere Abteilung zu beantragen, um Yosano und Ono
nicht mehr sehen zu müssen.

DER SCHÖNSTE TAG IM LEBEN

VON GEFÄLSCHTEN HOCHZEITSTORTEN, FEHLENDEN EHEMÄNNERN UND DER PARTY NACH DER PARTY

Naoko betrachtet sich im Spiegel. Noch nie hat sie so schön ausgesehen. Ihr Haar ist kunstvoll hochgesteckt und mit kleinen, weißen Perlen verziert, und das weiße Kleid ist einfach wunderschön. Oben liegt es eng an und ist ebenfalls mit kleinen Perlen verziert, ab der Taille fließt es weit auseinander. So hat sie sich ihre Hochzeit immer vorgestellt. Na ja, vielleicht nicht ganz genau so, aber fast. »Nakamura-san, sollen wir nun mit den Fotos beginnen?« Naoko reißt sich von ihrem Spiegelbild los und lächelt der Hochzeitsfotografin zu. »Ja, ich komme.«

Zur gleichen Zeit beobachtet Kenji, wie sich kleine Schweißtropfen auf der Stirn seines Chefs bilden. So nervös hat er ihn noch nie erlebt. Aber gut – wahrscheinlich hält er nicht jeden Tag eine Rede auf der Hochzeit eines seiner Angestellten. Kenji nickt ihm aufmunternd zu, aber Herr Uchida zerrt nur nervös am Knoten seiner taubenblauen Krawatte. Kenji schaut zu Yukiko, seiner Braut, die nun für den Empfang den weißen Kimono von der offiziellen Zeremonie heute Morgen gegen einen roten mit buntem Blumenmuster getauscht hat. Dass auch Yukikos komplettes Make-up und ihre Frisur dem neuen Kleid angepasst wurden, ist Kenji nicht wirklich aufgefallen. Männer ...

Kenji hätte sich auch eine Hochzeit in westlichem Stil vorstellen können, aber seine Mutter hat sich so sehr eine traditionelle shintōistische Hochzeit gewünscht – was soll man da machen ... Kenji schaut zu ihr herüber. Sie hat Tränen in den Augen. Vermutlich nicht wegen Herrn Uchidas Rede, sondern weil sie erleichtert ist, dass ihr ältester (na ja, und einziger) Sohn endlich heiratet. Denn traditionell ist der älteste Sohn am schwierigsten zu verheiraten: Früher zog dieser nach der Hochzeit zu seinen Eltern, und seine Frau kümmerte sich dann um die Schwiegereltern und lebte mit ihnen unter einem Dach – wie eine Tochter. Vielleicht wartet man als Frau doch lieber auf den Zweitgeborenen. Aber heutzutage sieht das schon anders aus – besonders in Tōkyō. Kenji versteht daher gar nicht, warum seine Mutter sich solche Sorgen gemacht hat. Nun klatschen alle, und Herr Uchida setzt sich erleichtert wieder hin. Kenjis Mutter sitzt übrigens nicht am selben Tisch wie das Brautpaar. An Kenjis und Yukikos Tisch sitzen Kollegen und Vorgesetzte, danach kommen die Tische mit den Freunden. Die Verwandtschaft sitzt weiter entfernt an einem eigenen Tisch. Später wird Kenjis Mutter noch viel mehr weinen – nicht wegen der Sitzordnung, sondern weil Kenji in der letzten Rede des Abends seinen Eltern dafür danken wird, dass sie einfach die besten sind.

Klick, klick, klick, klick. Auch bei Naoko geht es weiter. Sie lächelt in die Kamera. Mal unter einem blühenden Kirschbaum, mal auf einer kleinen Brücke und dann wieder verträumt in die Ferne blickend.

»Kawaiii!«, ruft die Fotografin und drückt wieder auf den Auslöser. Klick, klick, klick. Naoko fühlt sich wie die Prinzessin aus dem Lieblingsbuch ihrer Kindheit. Aus diesem Grund hat sie sich auch nicht wie Yukiko für einen traditionellen Hochzeitskimono entschieden, sondern für ein Brautkleid im westlichen Stil. Die Sonne scheint, ein leichter Wind lässt die ersten Blütenblätter des Kirschbaums durch die Luft segeln. Perfektes Wetter für Hochzeitsfotos. Alles, wie es sein sollte. Na gut, eine Kleinigkeit fehlt: der Bräutigam. Denn Naoko heiratet sich selbst.

Auf Yukikos und Kenjis Hochzeitsfeier kündigt der Moderator unterdessen die nächste Rede an. Yukiko lächelt Kenji zu – er hatte während der Rede seines Chefs ein bisschen angespannt ausgesehen. »Ich bin tatsächlich verheiratet«, denkt sie und kann es kaum glauben. Bei der Shintō-Zeremonie im Schrein war nur der engste Familienkreis dabei. Zum Abschluss gab es für sie und Kenji drei Schluck Sake aus drei verschiedenen Schalen – je eine für Liebe, Weisheit und Glück. Yukiko hatte ganz vorsichtig getrunken, weil sie Angst hatte, den weißen Kimono mit den aufgestickten Kranichen, die Glück bringen sollen, zu bekleckern. Die weiße Farbe symbolisiert Reinheit, Harmonie und die Bereitschaft der Braut, für die Werte ihrer neuen Familie aufgeschlossen zu sein. Zum Glück ist kein Sake auf den Kimono getropft – denn der ist natürlich nur geliehen. Kaufen wäre ganz klar über ihr gemeinsames Budget gegangen – mit mehreren Tausend Euro ist das Ausleihen des Kimonos schon teuer genug, findet Yukiko. Und das ist noch nicht alles: Schon vor der Hochzeit hatte Kenji Yukiko und ihre Eltern mit Verlobungsgeschenken zu beeindrucken versucht. Im Schnitt müssen dafür drei Monatsgehälter eingeplant werden. Nicht zu vergessen die Geschenke – also, die für die Gäste. In Japan ist es üblich, dass das Brautpaar seine Gäste beschenkt. Auch Kenji und Yukiko haben *hikidemono,* kunstvoll verzierte Geschenketüten für ihre Gäste, vorbereitet. Der Inhalt besteht aus jeweils einer Porzellanschale mit Blütenmuster und ihrem Namenszug, zwei Sake-Schälchen und passend verzierten *mochi.* Bei der Anzahl von Gästen kommt da einiges an Kosten zusammen – Yukiko will lieber gar nicht darüber nachdenken.

Kenji hatte bei der Zeremonie im Schrein einen schwarzen Kimono an, in dem er sehr gut aussah. Schade, dass auch der nur geliehen war. Nach der Zeremonie haben die beiden Ringe ausgetauscht. Das gehört eigentlich nicht zum traditionellen shintōistischen Ritual, wird mittlerweile aber immer beliebter – und auch Kenji und Yukiko haben genügend Liebeskomödien aus Hollywood gesehen. Oh, die Rede ist schon vorbei. Yukiko hat nichts mitbekommen, klatscht aber natürlich mit. Jetzt, bei der Hochzeitsgesellschaft, sind neben dem engen Familienkreis von heute Morgen auch Freunde, Kollegen und Yukikos etwas entferntere Verwandtschaft aus Shikoku dabei.

Fünf Dinge, die bei japanischen Hochzeiten ein bisschen anders sind

1. Die Hochzeitstorte ist ein Fake – statt einer echten Torte wird ein mehrstöckiges, wunderschön ver-

ziertes Gebilde aus Papier und anderen Materialien hereingefahren und als offizielle Torte fotografiert. Essbar ist nur entweder eines der Stockwerke oder gleich eine ganz andere Torte, die nicht ganz so fancy aussieht.

2. Immer das passende Kleid – als wäre es nicht schon schwer genug, das eine passende Brautkleid zu finden, zieht sich die Braut auf einer japanischen Hochzeit traditionellerweise mehrfach um. Und natürlich werden auch Haare und Make-up dem jeweiligen Kleid angepasst.

3. Die Sitzordnung – die Brauteltern sitzen nicht etwa mit dem Brautpaar am Tisch, sondern ganz am anderen Ende des Raumes. Danach kommen Freunde und Exkommilitonen aus der Uni, direkt in der Nähe des Brautpaars dagegen sitzen die Arbeitskollegen. Übrigens gilt: kein »plus eins«. Eingeladen sind nur diejenigen, die explizit in der Einladung erwähnt sind. Wenn der Freund oder die Freundin nicht ausdrücklich mit eingeladen sind, lässt man sie eben zu Hause.

4. Geschenke gibt es für die Gäste – am Ende der offiziellen Feier findet jeder Gast unter seinem Stuhl eine kunstvoll verpackte Tüte mit einem kleinen Geschenk, zum Beispiel Porzellan und Süßigkeiten. Hochzeitsgäste haben es leicht – von ihnen wird erwartet, dass sie Geld schenken.

5. Gehen, wenn es vorbei ist – der Moderator, der durch die Hochzeitsveranstaltung führt (hierfür können auch Schauspieler gebucht werden), wird

recht unmissverständlich zum Ausdruck bringen, wenn die Feier vorbei ist. Normalerweise ist das nach etwa zwei Stunden der Fall. Das Brautpaar und die jüngeren Gäste feiern danach oft noch auf der anschließenden Party weiter. Statt Moderator und jeder Menge Reden gibt es nun einen DJ, und es wird auch getanzt.

Naoko ist glücklich. Die Fotos sind bestimmt wunderschön geworden, und es war toll, sich selbst einmal in solch einem wunderschönen Kleid zu sehen. Das war ihr das Geld (umgerechnet knapp 3.000 Euro) für das Solo-Wedding-Komplettpaket auf jeden Fall wert. Im Preis inbegriffen waren Kleiderauswahl und Anprobe, Haare, Make-up und eben das Fotoshooting. Naoko hätte auch noch einen Bräutigam dazubuchen können (zumindest als Accessoire für die Fotos), aber sie hat sich dagegen entschieden. Die Veranstalterin hatte nur gelächelt und gesagt, dass bisher noch kaum eine Solobraut einen Bräutigam mit auf den Bildern haben wollte. Naoko überlegt, ob sie noch einmal heiraten wird – diesmal dann mit echtem Bräutigam. Vielleicht, vielleicht auch nicht. Irgendwie sieht sie das nach dem heutigen Tag entspannter. Sie hat keine Lust mehr, sich darüber Gedanken zu machen, ob sie mit ihren 28 Jahren nicht längst verheiratet sein müsste. Die wunderschönen Fotos von sich als junger Braut hat sie auf jeden Fall schon mal. Zur Not lässt sich da später auch ein Bräutigam reinretuschieren ...

Saki schaut zu Yukiko rüber. Sie sieht glücklich aus. Na gut, auch etwas erschöpft, aber immerhin hat sie ja einen Tag mit mehreren Make-up- und Garderobenwechseln hinter sich. Inzwischen ist der offizielle Hochzeitsempfang zu Ende. Kenji und Yukiko sind mit einer Auswahl von Freunden und jüngeren Arbeitskollegen dann noch weitergezogen zur zweiten Party *(nijikai)* mit DJ und Karaokeanlage. Für diese zweite Party hat jeder Gast dann noch mal Eintritt bezahlt, umgerechnet etwa 35 Euro. Das ist aber üblich und hat niemanden gestört. Jeder weiß, dass das Brautpaar ein Vermögen für die Hochzeitsfeier hinlegen muss. Yukiko und Kenji haben sich auch noch für einen Samstag entschieden, weil dieser laut dem japanischen Kalender besonders glückverheißend für eine Hochzeit ist. Allerdings ist er auch gleichzeitig einer der beliebtesten Tage zum Heiraten und daher besonders teuer. Kenji hätte auch an jedem anderen Tag geheiratet, aber was soll's. Es wird ja wohl die einzige Hochzeit in seinem Leben sein. Jetzt hat Kenji seinen großen Auftritt und treibt mit seiner Darbietung des Songs *My Heart Will Go On* von Celine Dion fast allen die Tränen in die Augen – ob vor Rührung oder Lachen, sei mal dahingestellt.

Eine Weile später sind Kenji und Yukiko mit Saki, Ryū und ein paar weiteren engen Freunden bei der dritten Party *(sanjikai)* in einer kleinen Bar gelandet. Jetzt endlich haben sie Zeit, sich auch mal richtig zu unterhalten. Kenji freut sich darüber, dass sein Freund Fukita tatsächlich mit einem Mädchen ins Gespräch gekommen ist. Vielleicht wird ihm seine virtuelle Freundin ja doch endlich mal langweilig.

Saki streicht ihr schwarzes Kleid glatt, das sie extra für die Hochzeit ihrer Freundin gekauft hat. Natürlich kennt sie die wichtigste Regel, dass man als Hochzeitsgast auf keinen Fall die Braut ausstechen darf. Weiße Kleider sind natürlich tabu, aber Saki hat auch darauf geachtet, dass sie nicht zu viel Haut zeigt und ihr Kleid Schultern und Knie bedeckt. Dafür war die

Wahl des Geschenks einfach. Wie alle anderen hat Saki Geld geschenkt: 30.000 Yen (circa 230 Euro) in frischen Scheinen. Sie war extra noch bei der Bank deswegen. 30.000 gilt bei Hochzeiten als ungerade Zahl, das Brautpaar kann daher die Summe nicht aufteilen, sondern muss sie gemeinsam ausgeben. 20.000 Yen wären eine gerade Summe und daher nicht so gern gesehen. 40.000 Yen sind ohnehin tabu, weil die Zahl Vier wie *shi* (»Tod«) ausgesprochen wird. Außerdem hat Saki den Umschlag für das Geldgeschenk sehr sorgfältig ausgesucht, damit ihr *goshugi-fukuro* auch besonders schön aussieht. Sie hat sich für eine sehr farbenfrohe Mischung (je bunter, desto besser – es soll ja nicht nach einer Beerdigung aussehen) aus weißen Blüten auf pinkfarbenem Grund sowie weißen Punkten auf hellgrünem Grund entschieden. Die Schleife des Umschlags musste sie dreimal binden, bis sie perfekt war. Zum Glück war eine Anleitung dabei.

Wann sie wohl selber heiraten wird? Und ob ihr Freund Ryū der Richtige ist? Immerhin weiß Saki schon ganz genau, dass sie nicht in Tōkyō heiraten will, sondern auf Okinawa am Strand und im strahlenden Sonnenschein. Oder vielleicht doch in Nara mit zahmen Rehen auf dem Hochzeitsfoto? Lieber Okinawa, das ist weiter weg. Das Gute bei einer Hochzeit in der Ferne ist auch, dass sich die Zahl der Gäste reduziert, findet Saki. Oder vielleicht gar nicht heiraten? Miyoko, eine ihrer Kolleginnen aus dem Büro, hat Saki mal an einem Abend in der Karaokebar erzählt, dass sie gar nicht heiraten möchte, weil sie dann das Gefühl hätte, ihre Karriere aufgeben zu müssen. Und es stimmt, überlegt Saki. Ihr Chef hat schon mehr als einmal Bemerkungen über verheiratete Frauen im Büro gemacht – warum diese nicht als Hausfrauen zu Hause bleiben und Kinder bekommen. Ganz schön altmodisch, findet Saki.

Aber noch immer scheiden rund 60 Prozent der japanischen Frauen nach der Heirat aus dem Arbeitsleben aus. Was Yukiko wohl machen wird? Saki nimmt noch einen Schluck von ihrem Kirin-Bier und überlegt, was für ein Kleid sich am Strand von Okinawa wohl am besten machen würde ...

Vier Wege führen zum Ja-Wort

Jeder Hochzeitsfeier geht natürlich, wie bei uns auch, der offizielle Teil auf dem Standesamt voraus, bei dem beide Ehepartner ein entsprechendes Dokument mit ihren Siegeln versehen. Aber welche Zeremonie kommt nach dem offiziellen Teil?

Shintōistisch

Der Klassiker – immerhin praktizieren rund 80 Prozent aller Japaner heute shintōistische Rituale und besuchen mehr oder weniger regelmäßig Schreine. *Shintō* (»der Weg der Götter«) umfasst viele japanische Gottheiten *(kami)*, die im Grunde jede Form annehmen können: Menschen, Tiere, Flüsse, Steine oder andere Gegenstände wie Schwerter oder Spiegel können von Göttern beseelt sein. Und wenn die Götter überall sein können, hilft das natürlich dabei, offen gegenüber anderen Religionen und Traditionen zu sein.

Die shintōistische Zeremonie wird von einem Priester im Schrein durchgeführt, wobei, wie auch bei Yukiko und Kenji, nur der engste Familienkreis anwesend ist. Die

Braut trägt einen traditionellen weißen Kimono *(shiro-muku)* mit großer weißer Haube, der Bräutigam einen schwarzen. Die weiße Farbe des *shiromuku* steht für Reinheit, Einfachheit und Harmonie und letztendlich auch für die Bereitschaft, sich von den Idealen und Ritualen der neuen Familie gewissermaßen neu einfärben zu lassen. Auch die Mütter werfen sich in Schale und tragen ihre feierlichsten Kimonos, ebenfalls schwarz und erst unterhalb der Taille gemustert.

Nach der Zeremonie wird, oft direkt auf dem Gelände des Schreins, eine Menge Fotos geschossen.

Buddhistisch

Buddhismus und Shintōismus existieren in Japan in schöner, friedlicher Koexistenz, daher kann natürlich auch buddhistisch geheiratet werden. Die Braut kann zwischen Kimono und einem klassischen Kleid wählen; das Ritual findet nicht im Schrein, sondern im Tempel statt, und es dürfen auch mehr Gäste anwesend sein als nur der engste Familienkreis.

Christlich

Okay, das ist nicht unbedingt die traditionelle Variante – weniger als zwei Prozent der Japaner sind Christen –, christliche Hochzeiten sind aber in den letzten Jahren immer beliebter geworden. Auch an den jungen Japanern sind die romantischen Szenen aus Hollywoodfilmen eben nicht spurlos vorübergegangen. Gemäß dem sehr offenen und entspannten Verhältnis zur Religion nehmen es viele Japaner nicht ganz so genau mit der Einhaltung christlicher Rituale. Die Brautleute müssen zum Beispiel keine Christen sein (es gilt der Wahlspruch: »Shintöistisch geboren werden, christlich heiraten, buddhistisch sterben«), aber auch der Priester muss nicht unbedingt ein christlicher sein. Hauptsache, schön romantisch.

Jinzen

Wer mit der Religion so gar nichts am Hut hat, kann auch eine nichtreligiöse Hochzeit wählen. Hier gibt es keine Regeln für das Ritual – in der Regel erklären die Heiratswilligen vor Freunden und Familie bei einer Feier in einem Hotelsaal in einer kleinen Rede ihre Vermählung. Ein klassischer Smoking und ein westliches Brautkleid sind häufig die bevorzugte Kleidung – im Grunde könnte das Brautpaar aber auch im Jogginganzug erscheinen. Eben ganz individuell.

ZWEISAMKEIT AUF ZEIT

VON PROSTITUTION, GESUND-HEITSLIEFERUNGEN UND EINEM THEATERVIERTEL OHNE THEATER

Akane steht wie an beinahe jedem Abend im engen U-Bahn-Abteil und schaut gedankenverloren aus dem Fenster, auch wenn es hier außer der Dunkelheit des U-Bahn-Tunnels und ein paar Reflexionen nicht allzu viel zu sehen gibt. Aus den Augenwinkeln beobachtet sie einen jungen Mann, etwa in ihrem Alter. Er ist sichtlich nervös. Seine Blicke begnügen sich nicht mit der Aussicht auf den dunklen U-Bahn-Tunnel und die Reflexionen der beiden Fahrgäste in den Scheiben. Nein, seine leicht geröteten Augen tasten sie geradezu ab und gleiten abwechselnd über ihre Beine unterhalb des kurzen Rocks und den Bereich unterhalb ihres Kinns. Sie dreht sich zur Seite und bemerkt kurz darauf, dass seine leicht zitternde rechte Hand das suchende Tasten übernommen hat. Sie stößt diese Hand zaghaft zur Seite. Doch er lässt nicht locker und betastet sie weiterhin, immer forscher werdend, hier in der Öffentlichkeit des U-Bahn-Waggons. Sie stöhnt unterdrückt – nicht, weil es ihr wirklich gefällt, sondern weil sie gegen Bezahlung sexuelle Wunschträume überwiegend männlicher Kunden erfüllt.

Akane arbeitet in einem der vielen *imekura* (japanisiertes Englisch, abgeleitet von *image clubs*) in denen das aufdringliche Betatschen einer Frau in der U-Bahn *(chikan)* zu den populärsten der vielen hier erfüllten Fantasien gehört. Anders als in echten, überfüllten Zügen geschieht die übergriffige Belästigung hier mit der Zustimmung des »Opfers« – und auch nicht in einem echten Bahnwagen, sondern in einem detaillierten Nachbau eines Abteilabschnitts. Zum weiteren Themenangebot gehören Schulräume mit passend in Schuluniform gekleidetem Personal oder Büroumgebungen, in denen der *salaryman* bei der zufälligen Begegnung mit der Office Lady am Fotokopierer das ausleben kann, was im wirklichen Leben zu einer Kündigung führen könnte.

Personennahverkehr mit Anfassen

Chikan war gegen Anfang des neuen Jahrtausends ein Massenphänomen, das es sogar in die hiesige mediale Berichterstattung schaffte: Die Täter nutzen dabei die drangvolle Enge aus, die in vielen großstädtischen Zügen zur Hauptverkehrszeit herrscht, um andere Fahrgäste aus der anonymisierenden Masse heraus zu betatschen. Es blieb nicht bei Einzelfällen: In einer Umfrage aus dem Jahr 2001 gaben 72 Prozent aller befragten weiblichen Fahrgäste im Teenageralter an, schon einmal in der Bahn angefasst worden zu sein. Im selben Jahr wurden landesweit 1.854 Männer wegen der Belästigung von Frauen im Zug verhaftet. Die Dunkelziffer ist hierbei hoch, da man in der Menschenmasse nicht immer erkennen kann, wer der Aggressor ist, und die mit der Meldung eines solchen Vorfalls verbundene Scham ausgeprägt ist. Auf manchen Strecken ist die Belästigungsrate derart hoch, dass die Fahrgäste zu bestimmten Zeiten nach Geschlechtern getrennt werden und spezielle Frauenwaggons zum Einsatz kommen. Zusätzlich werden Zivilpolizisten eingesetzt, die die Belästiger auf frischer Tat ertappen sollen. Die Fälle von *seku-hara* (sexuelle Belästigung, von englisch *sexual harassment*) im ÖPNV sind zwar in den letzten Jahren leicht rückläufig, doch aus der Welt ist das Thema nicht: In den Statistiken der Tōkyōter Polizeibehörde wurden allein im Jahr 2017 1.750 *chikan*-Vorfälle registriert. 30 Prozent davon fanden zwischen 7 und 9 Uhr während der morgendlichen Rushhour statt. Mehr als die Hälfte aller Übergriffe ereignete sich in Zügen, weitere 20 Prozent auf Bahnsteigen, auf denen sich die Fahrgäste drängten. Ein *chikan* (»Sittenstrolch, Perverser«) ist meist männlich, seine Opfer sind überwiegend weiblich und im Alter zwischen zehn und 50 Jahren, wenngleich auch einzelne Fälle von Täterinnen sowie homosexuelle Übergriffe bekannt wurden. Genauso wie der Begriff *karōshi*, Tod durch Überarbeitung, Einzug in den internationalen Sprachgebrauch gehalten hat, wird der Ausdruck *chikan* inzwischen auf britischen und kanadischen Behördenwebsites genutzt, um auf diese spezielle Form der sexuellen Belästigung hinzuweisen. Was treibt Bahnfahrer dazu, andere Fahrgäste auf diese Weise anzugreifen? Das hat sich auch Akiyoshi Saito in seinem im August 2017 veröffentlichten Buch *Otoko ga chikan ni naru riyu* (»Der Grund, warum aus Männern Belästiger werden«) gefragt. Er geht davon aus, dass es den Tätern weniger um die Befriedigung eines vorrangig sexuellen Bedürfnisses geht als vielmehr um ein Ventil zur Stressbewältigung und um das Gefühl, Macht über die Opfer zu haben. Aus Gesprächen mit Tätern weiß Saito, der in der Omori-Enomoto-Klinik in Tōkyō Sexsüchtige und Sexualstraftäter zu therapieren versucht, dass viele der *chikan* ein Gesellschaftsbild verinnerlicht haben, in denen Männer dominieren und Frauen unterwürfig zu sein haben. Eine Welt, in der sie es verdient haben, nach einem langen, harten Arbeitstag Frauen sexuell belästigen zu dürfen. Eine Welt, in der Frauen, die sich nicht lautstark beschweren, sondern den Übergriff stumm ertragen, diese Form der Vergewaltigung sogar mögen. Die Männer, die nach dieser Art von Dominanz oftmals süchtig sind, leben – oberflächlich betrachtet – in normalen, geregelten Verhältnissen – Bürojob, Ehefrau und Kinder inklusive.

Im Sommer 2017 wurde nach umfangreichen öffentlichen und parlamentarischen Debatten das Strafrecht in Japan im Hinblick auf sexuelle Übergriffe erheblich verschärft. Das zuvor geltende Gesetz war dringend reformbedürftig, stammte es doch nahezu unverändert aus dem Jahr 1907 und garantierte im Grunde eher den Schutz des Täters als den des Opfers.

Bei der von Akane und ihren Kolleginnen angebotenen Dienstleistung gehören Handlungen, die hierzulande mit dem Besuch einer Prostituierten assoziiert werden, nicht zwangsläufig dazu. Häufig beschränken sich kundenseitige Wünsche oder das auf Aushangtafeln beschriebene Dienstleistungsangebot auf Anschauen, Zuschauen und Anfassen. Und das ist im Hinblick auf die aktuelle Gesetzeslage unterm Strich auch die einzige wirklich legale Form der Prostitution.

Artikel 3 des Antiprostitutionsgesetzes von 1956 stellt unmissverständlich klar, dass »niemand Prostitution anbieten noch in Anspruch nehmen darf«. Der Definition nach liegt Prostitution dann vor, wenn der Koitus gegen eine Kompensation angeboten wird. Interessanterweise legen die Dienstleister das Gesetz so aus, dass nur Vaginalverkehr als Koitus angesehen wird. Andere Spielarten der Sexualität, wie Oral-, Schenkel-, Mammal- und Analverkehr oder Masturbation, sind hingegen legal – was ein breites und variantenreiches Spektrum an sexuellen Dienstleistungen ermöglicht.

In jedem Fall zählt Japans Hauptstadt weltweit zu den Top-Five-Städten, wenn es um bezahlte Liebe geht. Nicht nur in den Image Clubs werden geheime Wünsche zahlender Gäste erfüllt. Abgesehen von dem eher privat angebotenen *enjo kōsai* (bei dem junge Frauen älteren Herren gegen Sachgeschenke und Geld körperliche und sexuelle Gefälligkeiten erweisen) hat sich die kommerzielle Sexindustrie Japans in verschiedenen Angebotsformen professionalisiert. Diese unterscheiden sich in der Darbietungsform und Art der angebotenen sexuellen (oder sexualisierten) Handlung.

Handfest geht es zum Beispiel dort zu, wo »*fashion health*« (*fasshon herusu*) auf den grell beleuchteten Werbetafeln steht. Gäste können in diesen »Health Clubs« unter dem Deckmantel einer Massage vor allen Dingen sexuelle Entspannung erwarten. Bei delivery health (*deribarii herusu,* kurz *deriheru*) sparen sich Freier den Weg in den Club und lassen die Masseusen zu sich nach Hause oder ins Hotel kommen. Entsprechende »Menüs« bieten einschlägige Websites, auf denen der Serviceanbieter nicht nur aussagekräftige Fotos der Masseusen zeigt, sondern auch Illustrationen oder Beschreibungen des individuellen Serviceangebots. Dieses Dienstleistungsangebot ist sehr populär: Alleine in Tōkyō soll es mehr als 2.000 *deriheru*-Anbieter geben.

Von den laut der nationalen Polizeibehörde insgesamt rund 17.500 Etablissements mit Sexbezug auf der Insel sind gut 1.200 »Soaplands«. Auch im *sōpurando* (kurz *sōpu*) geht es zur Wahrung der gesetzlichen Vorgaben vordergründig um Massagen. Der Kunde zahlt offiziell für eine gründliche Körperwäsche und eine Massage. Die freiberuflich arbeitenden »Masseusen« kommen den Kunden bei ihrer Dienstleistung näher und finden diese verblüffenderweise so sympathisch, dass es ohne Umschweife zu einvernehmlichem Sex kommt. So sind vor dem Gesetz alle fein raus: der Soapland-Betreiber, der nur eine Gebühr für eine Massage angenommen hat, die Masseuse, die natürlich aus Zuneigung dem Gast gegenüber mit diesem intim wurde, und der Freier sowieso, der nicht nur frisch gebadet und mit entspannten Muskeln das Soapland verlässt. Apropos Soapland: In den Anfangsjahren hießen diese Etablissements noch *toruko-buro* (türkisches Bad). Das störte allerdings den türkischen Wissenschaftler Nusret Sancaklı, dessen medialer Protest schließlich im Jahr 1984 dafür sorgte, dass sich nach einem landesweiten Namensfindungswettbewerb der bis heute genutzte Name etablierte. Es ist indes nicht überliefert, ob der Wissenschaftler selbst auf der Suche nach einem türkischen Bad etwas anderes vorfand als erwartet.

Den Behörden sind die Soaplands wegen ihrer dreisten Auslegung des Gesetzes ein Dorn im Auge. Um dem beizukommen, werden nun schon seit Jahren keine Lizenzen für neue Soaplands genehmigt. Betreiber können nur Renovierungen vornehmen, bei denen der Grundriss der Gebäude nicht verändert wird – eine größere bauliche Veränderung würde eine neue Lizenz erfordern – die, ebenso wie ein ganz neuer Antrag, abgelehnt würde.

Zwischen den Bekannten auf Zeit kann in einem Soapland theoretisch jede Form von Sexualität stattfinden, wenngleich Schenkelsex *(sumata)* und Oralverkehr zu den häufigsten Leistungen gehören. Abgesehen von Escortdiensten werden in Soaplands die höchsten Löhne der Branche verdient. Masseusen können hier auf einen Lohn von bis zu zehn Millionen Yen (circa 76.000 Euro) im Jahr kommen.

Männer, denen zum Durchlockern nach einem langen Arbeitstag ein bis zwei Drinks nicht ausreichen, gehen ihn einen *pinku saron* oder kurz *pinsaro*. Denn im »Pink Salon« können nicht nur alkoholische Getränke und kleine Snacks geordert werden, sondern ab 3.500 Yen (circa 27 Euro) auch Blowjobs, die direkt in der dämmrigen Sitzecke »serviert« werden. Um sich vom Wettbewerb abzugrenzen, werden verschiedene Varianten angeboten, wie zum Beispiel der Wechsel der Servierdame im Zehn-Minuten-Takt. Je nach Ausdauer können die auf dem Sofa sitzenden Herren so bis zu drei verschiedene Damen intim kennenlernen.

Auch wenn der Begriff Hostessen anderes vermuten lässt, können Besucher in den klassischen Nightclubs *kyabakura* nur Gesprächspartner für den Abend buchen. Je nach Club und Interessenlage kann weibliche, aber auch männliche Gesellschaft geordert werden. Dabei stehen unterschiedliche Typen bereit, aus denen der Gast wählen kann. Der Club »Glove« in Tōkyōs Partystadtteil Roppongi hat jede Nacht über 100 Hostessen im Dienst. Diese treiben ab 2.500 Yen pro Stunde gepflegte Konversation mit ihren Kunden und schenken ihnen gerne von den überteuerten Getränken nach – sie sind sozusagen eine vereinfachte, moderne Form der Geisha. Sex mit den Kunden gehört nicht zum Angebot, und die Hostessen werden von den Clubbetreibern unter Androhung der Kündigung dazu angehalten, sich nicht mit ihren Gästen einzulassen. Es ist dennoch nicht ungewöhnlich, dass Stammgäste stets ihre Lieblingshostess buchen – passend zur eigenen Flasche Whisky, die, mit dem Kundennamen etikettiert, auf den nächsten Besuch des Kunden im Club wartet.

Wie überall, wo sich viel Geld auf intransparente Weise verdienen lässt, hat das organisierte Verbrechen auch hier oft seine Finger im Spiel. 2006 waren zum Beispiel 20 Prozent derjenigen, die wegen Prostitution mit dem Gesetz in Konflikt kamen, mittel- oder unmittelbar mit den Yakuza verbunden. Da die japanische »Mafia« es tunlichst vermeidet, haftbar gemacht werden zu können, stellt diese Zahl vermutlich nur die Spitze des Eisbergs dar. Und wer schon mal in Japans Rotlichtvierteln unterwegs war, dürfte beim Anblick vieler Türsteher nicht zwangsläufig zur Ansicht gelangt sein, dass die eng sitzenden Anzüge und die diskreten Sonnenbrillen mit redlicher Arbeit finanziert wurden.

Für Ausländer birgt das nächtliche Tōkyō Fettnäpfchenpotenzial. Egon Hoffmann zum Beispiel ist geschäftlich in Japan unterwegs. Auf dem Hinflug hatte er im Reiseführer geblättert und die Schlagwörter »Kabukichō«, »Vergnügungsviertel«

und »Theater« in sein Kurzzeitgedächtnis einsickern lassen. Als er nach einem längeren Gesprächstermin mit seinem japanischen Geschäftspartner Herr Uchida müde aus dem Verwaltungsgebäude des Nakagawa-Chemiekonzerns tritt, versinkt die Sonne bereits hinter Shinjukus Hochhäusern. Er lockert seine Krawatte, und sofort verspürt er große Lust auf ein erfrischendes Bier. Er wirft einen Blick auf die gefaltete Stadtkarte und sucht, bis er auf etwas Bekanntes stößt: Kabukichō, das Theaterviertel. »Wo es Kultur gibt, ist ein kühles Blondes nicht weit«, denkt er sich. Und schon kurz darauf tritt er durch ein Tor, das durch verschränkte rote Linien mit Lauflichtern und einem für Herrn Hoffmann unlesbaren Gemisch aus Kanji signalisiert: Hier endet die normale Welt, und das Theaterviertel beginnt.

Zumindest wäre es so, wenn historisch alles so gelaufen wäre wie geplant. Tatsächlich sollte nach dem Zweiten Weltkrieg in diesem Stadtteil ein Kabuki-Theater entstehen, das dann aber nie gebaut wurde. Ganz pragmatisch behielt man den Namen, an den man sich in der langen Planungsphase schon gewöhnt hatte, auch ohne Theater bei. Und auch wenn das Kabuki-Viertel bis heute kein Kabuki-Theater zu bieten hat, so gibt es hier doch ein sehr vielfältiges Unterhaltungsangebot.

Herrn Hoffmann dämmert bereits nach wenigen Metern, dass er in den vielen Etablissements bestimmt alles Mögliche bekommen kann, diese aber bestimmt nicht für ihre sorgfältig kuratierten Getränkekarten bekannt sein dürften. Doch wo er schon mal hier ist, schaut er sich auch gerne mit großen Augen um. Die »Reinschmeißer« versuchen nicht, ihn aggressiv zu kobern, wie er es in Amsterdams Rotlichtbezirk De Wallen erlebt hat. Vielleicht aber auch nur, weil hier ein älterer, vergleichsweise verwirrt aussehender Europäer durch die Straße schlendert.

Im Viertel wirkt alles erst einmal klein und überschaubar. Doch hätte sich Herr Hoffmann intensiver mit seiner Reisevorbereitung auseinandergesetzt, wüsste er, dass Kabukichō das größte Vergnügungsviertel in ganz Asien ist. Hier kann ein Club auch gerne mal im zehnten Stock eines Gebäudes untergebracht sein, zusammen mit mehreren Dutzend anderen Läden, die mehr oder weniger das Gleiche anbieten. Abgesehen davon hätte ein guter Reiseführer sicherlich auch faktenreich dargelegt, dass dieses Viertel, genau wie die Prostitution in Japan im Allgemeinen, auf eine lange Tradition zurückblickt.

Das populärste Rotlichtviertel Asiens

Dort, wo sich später ein Sündenpfuhl im Zentrum der Stadt auftun sollte, befand sich noch vor gar nicht allzu langer Zeit ein Sumpf namens Tsunohazu. Erst 1893 wurde der Sumpf ausgetrocknet, ein Entenweiher zugeschüttet und die Grundlage für eine erste Besiedlung geschaffen. 1920 wurde auf dem Gelände eine Mädchenschule gebaut, die wie viele Wohngebäude der Bombardierung des Zweiten Weltkriegs zum Opfer fiel.

Nach dem Krieg entstand in Windeseile auf gerade einmal 600 Quadratmetern Bodenfläche das neue Viertel, das mangels ausreichender Finanzierung auf sein namensgebendes Kabuki-Theater verzichten musste. Bald siedelten sich erste Kabarette, Kneipen und kleine Restaurants im neuen Viertel an. Rotlichtunterhaltung,

Sexshops und ein engmaschiges Netz aus Love Hotels locken seit den 1970er-Jahren Neugierige und Entspannungssuchende an. Auch heute streifen noch circa 150.000 Besucher täglich durch das Viertel und spülen der ortsansässigen Wirtschaft jährlich bis zu 300 Milliarden Yen (circa 2,3 Milliarden Euro) in die Kassen. Doch die fetten Zeiten hat Kabukichō schon lange hinter sich.

Seit Anfang der 2000er-Jahre versuchen die Behörden, den Sündenpfuhl Kabukichō auszutrocknen. Eine starke Triebfeder war hierbei die Bewerbung um die Olympischen Sommerspiele 2016. Man wollte sich als tadellos familienfreundliche Stadt präsentieren. Die Entscheidung fiel 2010 zwar für Rio de Janeiro – in Japans Hauptstadt finden die Spiele erst im Jahr 2020 statt –, doch erreichten Offizielle die Schließung einer großen Anzahl von Lokalitäten mit zweifelhaftem Ruf. Allzu offensive Leuchtwerbung, die sexuelle Dienstleistungen offerierten, mussten von den Betreibern entfernt werden. Polizisten setzten mit Nachdruck ein neues Gesetz durch, nach dem Sexclubs und Hostess Bars ab 0 Uhr keine Gäste mehr einlassen dürfen und um 1 Uhr nachts schließen müssen. Außerdem wurde – mit dem Argument, für mehr Sicherheit im Viertel sorgen zu wollen – eine Vielzahl von Überwachungskameras installiert. Freier sahen ihre Privatsphäre potenziell gefährdet und mieden daraufhin ihre Lieblingsetablissements. Die Kundenzahl ging stark zurück, und schon bald schlossen einige der Rotlichtangebote. Manche der Anbieter verlagerten sich auf *delivery health*, das durch den dezentralen Aufbau

schwerer zu regulieren ist. Mittelfristig könnte die Stadt-
verwaltung mit einer familienfreundlichen Neuausrich-
tung des Viertels ihr Ziel erreichen, wenngleich sich die
hier beheimatete Sexfilmindustrie und die von den Yakuza unterstützte Rotlichtbranche bislang weitgehend im-
mun gegen die fortschreitende Gentrifizierung zeigen.

Natürlich feierte der Tausch von körperlicher Liebe gegen
Geld nicht erst in Kabukichō Premiere. Belegt ist die käufli-
che Liebe in Japan schon für das 10. Jahrhundert, und bereits
im 15. Jahrhundert sollen frühe Sextouristen aus asiatischen
Nachbarländern in japanischen Bordellen eingekehrt sein.
Auch Reisende aus Europa, wie die Besatzungen der Schiffe
der East India Company, nutzten das lokale Dienstleistungsangebot, das gerne entlang stark frequentierter Handelsstra-
ßen und in Badehäusern feilgeboten wurde. 1617 griff das To-
kogawa-Shogunat regulierend in den Wildwuchs der Bordelle
ein, indem der Betrieb von Freudenhäusern auf bestimmte
Viertel beschränkt wurde. So ließ sich das Geschäft besser
kontrollieren und die begleitende Kriminalität eindämmen.
Damit man direkt an der käuflichen Lust verdienen konnte,
waren die neuen Vergnügungsviertel von Mauern umgeben.
An Toren konnten missliebige Personen abgewiesen und
von Besuchern gleich »Steuern« verlangt werden. Der (auch
durch unzählige *ukiyo-e*) bekannteste »Garten himmlischer
Freuden« war seinerzeit das Viertel Yoshiwara in Edo (heute
Tōkyō). Hier florierte der »Wasserhandel« *(mizu shobai),* wie
der Austausch von sexuellen Gefälligkeiten gegen Geld seit
dieser Zeit euphemistisch genannt wird.

Ein auch schon damals bürokratisch durchorganisiertes Land wie Japan hatte natürlich auch für Freudenmädchen eine feste Klassifizierung und Rangordnung: *Koshi,* Kurtisanen zweiter Ordnung, waren einfache Dienstleister. Darüber waren die *yujo* angesiedelt, die auch eine gewisse kulturelle Bildung mitbrachten und ihre Besucher nicht nur mit ihrem Körper zu begeistern wussten. Erfahrene und kultivierte Dienstleister waren die *tayu,* während die *oiran* die Spitze des gesellschaftlichen Gefüges in Vergnügungsvierteln darstellten.

Zur damaligen Frauenrolle gehörte es, seine eigenen Bedürfnisse dem Wohl der Familie unterzuordnen. So wurden bis in die Meiji-Zeit hinein viele Prostituierte von ihren Eltern an Bordelle verkauft, in denen sie arbeiten mussten, bis der für sie gezahlte Kaufpreis abgearbeitet war. Erst im Zeitalter der allgemeinen Modernisierung und der Orientierung an westlichen Gesellschaftsmodellen begann eine Restrukturierung des Sexgeschäfts. Ab 1870 wurde Prostitution rein rechtlich zu einem Vertragsgeschäft zwischen zwei oder mehreren Personen. Die gängige Praxis, dass Eltern ihre Töchter an ein Bordell verkauften, wurde allerdings gesetzlich nicht eingeschränkt, auch wenn hier Sklaverei und Menschenhandel betrieben wurden.

Der zweifelhafte japanische Umgang mit Frauen- und Menschenrechten erreichte seinen traurigen Höhepunkt, als während des Zweiten Weltkriegs die sogenannten Trostfrauen *(jugun ianfu)* eingesetzt wurden. Im besetzten Südostasien wurden Hunderttausende Mädchen und Frauen zwangsprostituiert und in »Trostzentren« japanischen Soldaten angeboten. Die japanische Führung versprach sich von der Maßnahme eine verbesserte Truppenmoral und eine Verringerung der Vergewaltigungen von Frauen aus der Zivilbevölkerung.

Wie viele andere Kriegsverbrechen der Japaner wurde auch die sexuelle Gewalt gegen die Trostfrauen in der Öffentlichkeit lange totgeschwiegen. 1992 bat der damalige japanische Premierminister Kiichi Miyazawa die Opfer und ihre Familien erstmals um Entschuldigung. Seit 1995 wird das Trostfrauen-System auch in manchen japanischen Schulbüchern thematisiert. Doch auch heute noch fällt der Regierung und der japanischen Gesellschaft eine lückenlose Aufarbeitung der Gräueltaten des Kriegs schwer, was nach wie vor für Spannungen zwischen Japan und seinen asiatischen Nachbarn sorgt.

Und wie sieht es heutzutage mit unfreiwilliger Prostitution aus? Man kann davon ausgehen, dass Japan eines der Zielländer für *human trafficking* ist. Junge Frauen aus Osteuropa und Südostasien werden mit falschen Versprechungen nach Japan gelockt. Kontaktleute nehmen die Neuankömmlinge in Empfang und kassieren recht bald die Reisepässe ein. Ihre Opfer zwingen sie dazu, die entstandenen Kosten für Einreise und Unterkunft abzuarbeiten. Viele Frauen wenden sich nicht an die Polizei – aus Angst vor den Schleusern oder rechtlicher Verfolgung.

Bei Akane, unserem Fahrgast mit der roten Perücke aus dem *imekura*-Rollenspiel, ist das natürlich anders. Sie hat sich aus freien Stücken für ihren Job entschieden und nur Gerüchte über Leute gehört, die unfreiwillig in ihrer Branche arbeiten. Sie plant, ihren Job beizubehalten, bis sie ihr Studium abgeschlossen hat. Schließlich verdient sie damit auch in wirtschaftlich schwierigen Zeiten überdurchschnittlich gut.

GLEICHES RECHT FÜR ALLE

VON GEHEIMEN FRAUENQUOTEN, TRADITIONELLEN FAMILIENMODELLEN UND DER NEUEN ÄRA WEIBLICHEN ERFOLGS

»Das gibt's doch gar nicht!«, ruft Yukiko wütend und knüllt die Ausgabe der *Tokyo Shimbun* zusammen. Kenji zuckt erschrocken zusammen und zieht dabei der Karen-Kohiruimaki-Figur, die er soeben koloriert, einen umhangroten Strich quer über die auffallend schlanke Hüfte. Seufzend legt er den feinen Pinsel zur Seite und nimmt ein feines Tuch zur Hand, um die Farbe sanft abzutupfen. »Tut mir leid, das wollte ich nicht.« Yukiko hebt die Zeitung wieder vom Boden auf und streicht die Seiten glatt: »Was hier über die TMU steht, ist wirklich unglaublich.« Regentropfen prasseln laut gegen die Fensterscheibe in der kompakten, aber gemütlich eingerichteten Wohnküche.

Kenji bemerkt, dass Yukiko ihn anschaut und offenbar eine Antwort von ihm erwartet. »Ähm, ja. Wahrscheinlich ist das das letzte Aufbäumen der Regenzeit.« »Regenzeit?«, gibt Yukiko gereizt zurück. »Und das mit der TMU interessiert dich nicht?« »TMU?« Yukiko atmet hörbar ein. »Die Tokyo Medical University. Da, wo ich mich um den Studienplatz beworben hatte.« Kenji betrachtet den Erfolg der Farbentfernung auf der etwa handgroßen Animefigur und nickt zufrieden: »Ja.« Er schaut Yukiko über den Rand seiner runden Brille an: »Da, wo du abgelehnt worden bist?« »Ja, genau. Wie an der Tōdai auch.« Sie hält die ramponierte Zeitung in die Luft. »An der TMU aber vielleicht zu Unrecht.«

Kenji stellt die Figur vorsichtig auf ein Stück Pappe und taucht den Pinsel wieder in die rote Farbe. »Hä?« »In dem Artikel steht, dass bei der Aufnahmeprüfung systematisch Punktzahlen gefälscht wurden. Bei männlichen Kandidaten wurde die Punktzahl immer um einen bestimmten Wert erhöht, bei Frauen pauschal gesenkt. Das ist ganz nebenbei ans Tageslicht gekommen, als man bei einer internen Untersuchung einem Korruptionsverdacht an der Uni nachgegangen ist. Das mit der Punkteanpassung machen die offenbar schon seit Jahren so. Und demnach muss das auch bei meiner Aufnahmeprüfung passiert sein.« »Was? Echt? Aber wieso?«

»Hier steht, dass man die Frauenquote auf maximal 30 Prozent halten wollte. Grund: Frauen könnten irgendwann wegen Schwangerschaft und Familie nicht mehr voll einsatzfähig sein oder als Ärztin ganz ausfallen. Die Verantwortlichen versuchen ihre Tat damit zu entschuldigen, dass das dann ja die Verfügbarkeit von Frauen für den Schichtdienst einschränken könnte und sie die dringend zu besetzenden Stellen dann nicht mit zuverlässigem Personal versorgen können.« »Aber das stimmt ja auch, oder?« »Kenji, wirklich? Glaubst du ernsthaft, dass ich mich, wenn ich schwanger werde, ganz aus dem Job zurückziehe und dir, wie meine Mutter meinem Vater, deine dreckigen Klamotten hinterhertrage und dich abends mit deinem Essen und einer kühlen Dose Bier erwarte? Dass ich den ganzen Tag den Haushalt mache, mich um unsere Kinder kümmere, während du mit deiner inzwischen zweiten Dose Bier auf dem Sofa liegst und Altherrensendungen anschaust? Wenn du das willst, musst du dir eine andere suchen. Oder mit Marty McFlys DeLorean einen Trip zurück in die goldenen 80er unternehmen!«

Vielleicht braucht Kenji aber gar keine Zeitmaschine. Auch wenn Yukiko und Kenji eine Beziehung führen, in der beide feste Aufgaben im Haushalt übernehmen und weitgehend gleichberechtigt sind, ist diese Beziehungsform in Japan längst noch nicht so ausgeprägt, wie man es von einer modernen Industrienation erwarten könnte. Laut einer Einschätzung des Gender Gap Report 2018, den das Weltwirtschaftsforum jährlich vorlegt, ist es um die Gleichberechtigung in Japan nicht gut bestellt: Japan landete auf Platz 110 der Liste, für die 149 Länder bewertet worden waren (Deutschland: Platz 14). Elf Jahre zuvor, im Jahr 2007, hatte Japan noch auf Platz 80 gelegen. Die Ungleichbehandlung von Frauen und Männern nimmt zu, obwohl Premier Shinzō Abe mit der von ihm ausgerufenen »neuen Ära weiblichen Erfolgs« – kurz mit dem Schlagwort »Womenomics« umschrieben – eigentlich genau das Gegenteil erreichen wollte.

Der Begriff und die Idee hinter »Womenomics« gehen auf Kathy Matsui zurück. Die Vizepräsidentin und Chefstrategin des japanischen Ablegers des Finanzdienstleisters Goldman Sachs hatte bereits 1999 ihre Theorie vorgestellt. Verkürzt und vereinfacht ausgedrückt sind demnach die Gleichberechtigung von Frauen und das Entwicklungspotenzial der Wirtschaft eines Landes eng miteinander verbunden. So sahen Matsui und ihre Kollegen für Japan das Potenzial eines höheren Bruttosozialprodukts im Bereich von mindestens 15 Prozent, bei einem gleichzeitigen Anstieg der Geburtenrate. Die Theorie basiert auf der Beobachtung der wirtschaftlichen Entwicklung verschiedener Staaten, in denen Frauen in Regierung, Arbeit und hinsichtlich des sozialen Status nicht nur per Gesetz, sondern auch im realen Leben gleichberechtigt sind. Diese Staaten tendieren dazu, wirtschaftlich erfolgreicher zu sein als Länder, in denen die Gleichberechtigung weniger konsequent umgesetzt wird.

Die Aussicht auf einen wirtschaftlichen Aufschwung und einen Anstieg der Geburtenrate sind besonders für Japan hochinteressant. Schließlich schwächelt beides schon seit Jahrzehnten. Dennoch dauerte es 14 Jahre, bis Japans Premier Shinzō Abe und seine Berater die vielversprechende Theorie aus der Ideenschublade zogen und sich den Ansatz als wichtigen Baustein der sogenannten Abenomics zu eigen machten. Bereits 2013 waren volkswirtschaftliche Schäden infolge der geringen Geburtenrate und der im Grunde nicht existierenden Migration spürbar: Die Bevölkerung des Landes ist überaltert, die Babyboomer sind im Rentenalter, und es wird zunehmend schwer, vakante Stellen mit qualifizierten Kräften zu besetzen. So teilte Abe in ebendiesem Jahr im Rahmen einer UNO-Vollversammlung der Weltöffentlichkeit die Lösung für die Probleme seines Landes mit: Die Humanressource der hochqualifizierten japanischen Frauen sollte mit Nachdruck genutzt werden. Also genau derjenigen, die bisher nicht aktiv am Arbeitsmarkt teilgenommen hatten, weil sie, der Tradition folgend, mit dem Beginn der Schwangerschaft aus ihrem Unternehmen oder ihrer Behörde ausgeschieden und allenfalls in Teilzeitarbeitsverhältnisse zurückgekehrt waren.

Gleich drei Probleme auf einmal gelöst, oder? Die in der Verfassung des Staates Japan von 1946 festgeschriebene Gleichberechtigung von Mann und Frau wird zur Realität, die wirtschaftliche Flaute wird durch eine heftige Arbeitsmarktbelebung davongeblasen, und die magere Geburtenrate von durchschnittlich weniger als 1,5 Kindern zieht spürbar an. Also alles super – und Yukiko und Kenji gehören mit ihrem Lebensstil zum Mainstream. Leider ist es nicht ganz so gekommen.

Von seinen »Abenomics« und den darin verankerten »Womenomics« begeistert, verkündete Abe in seiner denkwürdigen UNO-Rede, dass die Arbeitsmarktbeteiligung von Frauen bis auf 73 Prozent im Jahr 2020 ansteigen werde. Auch das geschlechterspezifische Lohngefälle sollte seinem Plan nach bald der Vergangenheit angehören. Japanische Frauen verdienten im Jahr 2013 immerhin 26,6 Prozent weniger als ihre männlichen Kollegen – trotz vergleichbarer Qualifikation und Tätigkeit. Doch dass die Ankündigung einer Veränderung allein nicht ausreicht, um ebendiese Veränderung der Arbeitsmarktrealität und der ganzen Gesellschaft heraufzubeschwören, belegt bereits die tatsächliche Entwicklung des Gender Pay Gap: Er konnte bis 2017 nur auf 24,5 Prozent gesenkt werden (zum Vergleich: In Deutschland betrug das Lohngefälle im Jahr 2017 15,51 Prozent, den geringsten Unterschied in der Bezahlung von Frauen und Männern hatte mit 3,4 Prozent Luxemburg vorzuweisen).

Doch nicht nur bei der gleichberechtigten Bezahlung der Arbeitsleistung gehen Theorie und Wirklichkeit nach wie vor auseinander. Der Premier forderte, dass spätestens bis zum symbolisch wichtigen Stichtag des Beginns der Olympischen Spiele in Tōkyō 30 Prozent aller leitenden Positionen im öffentlichen und privaten Sektor Japans mit Frauen besetzt sein sollten. Um auch Privatunternehmen mit der »Womenomics«-Euphorie anzustecken, überlegte sich eine Expertengruppe des Arbeitsministeriums, dass die bloße sanfte Aufforderung zur verstärkten Einstellung weiblicher Mitarbeiter wohl nicht reichen würde. Schnell wurde ein Programm ausgearbeitet, das wirtschaftliche Anreize für die Förderung von Mitarbeiterinnen schaffen sollte. Privatunternehmen, die eine leitende Stelle mit einer Mitarbeiterin besetzten, sollten als kleinen Dank hierfür 300.000 Yen erhalten. Ein Budget von 120 Millionen Yen (etwa: 920.000 Euro) wurde bereitgestellt, denn man ging von mindestens 400 Programmbewerbungen im ersten Jahr aus. Doch wegen des mit der Programmteilnahme verbundenen großen bürokratischen Aufwands und der für Unternehmen eher zu vernachlässigenden »Kopfprämie« von rund 2.300 Euro zeigte sich die Zielgruppe von dem Programm wenig begeistert. Im ersten Jahr ging keine einzige Programmbewerbung ein.

Mit der Realität konfrontiert, sah sich Abe bereits 2015 dazu gezwungen, die zuvor ausgerufene Frauenquote auf 15 Prozent für privatwirtschaftliche Unternehmen und auf sieben Prozent bei Behörden abzusenken. Das wesentliche Problem seines Ansatzes: Das Geflecht aus wirtschaftlichen und vor allen Dingen gesellschaftlichen Rahmenbedingungen in Japan ist komplex. Das Angebot muss sowohl für Unternehmen als auch für potenzielle Angestellte stimmen, um zu einem Wandel zu führen.

Nicht nur Yukiko und ihre Freundinnen – darunter auch solche, die bereits Kinder geboren haben – gehen arbeiten. Tatsächlich haben beinahe alle Frauen, die Yukiko kennt, einen Job. Und auch die Beschäftigtenzahlen bestätigen ihre Erfahrung: 66,1 Prozent aller Frauen im arbeitsfähigen Alter hatten laut OECD-Zahlen im Jahr 2016 einen Job – ein Rekord in der japanischen Nachkriegsgeschichte. Doch schaut man sich die Zahlen etwas genauer an, wird der Jubel schon etwas leiser. Gut die Hälfte dieser erwerbstätigen Frauen arbeitet in Teilzeit, auf Vertragsbasis oder als Zeitarbeiterinnen, sprich: in Jobs mit tendenziell eher geringer Bezahlung, wenig Verantwortung und geringen Aufstiegschancen. In den Führungsebenen waren 2018 gerade einmal 4 Prozent aller Stellen mit Frauen besetzt, und in 73 Prozent aller japanischen Unternehmen war nicht eine einzige Frau im Management tätig. Im Hinblick auf die von Abe propagierte Gleichstellung im Job machen die ernüchternden Zahlen die »Womenomics« zu einem ziemlichen Flop.

Und leider sind auch der Fürsprecher der Gleichbehandlung und seine Partei kein nachahmenswertes Vorbild: Waren 2014 in Abes Kabinett noch sieben von 18 Positionen mit Frauen besetzt, hat sich dieses Verhältnis zu Beginn seiner vierten Amtszeit extrem verschlechtert. 2018 waren im Kabinett nur noch zwei von 20 Mitgliedern weiblich. Auch im Repräsentantenhaus werden im Vergleich zu anderen G8-Staaten Negativrekorde aufgestellt: nur 47 von 465 Posten werden von Frauen bekleidet. Das positioniert Japan in der Rubrik »Frauen im Parlament« des Gender Global Gap Report international auf Platz 130 von 149 (Deutschland: 49).

Doch warum gehen Vorhaben und Realität im Hinblick auf die Gleichstellung offensichtlich so weit auseinander? Dafür gibt es zahlreiche Gründe. Hier nur ein paar davon:

- Abe und seine Regierung erklärten die »Womenomics« zur Chefsache, versäumten es aber, auch für die entsprechenden Voraussetzungen zu sorgen. So ist beispielsweise das Angebot an Kinderbetreuungsmöglichkeiten bis heute nicht ansatzweise ausreichend. Wie sollen beispielsweise Yukiko und Kenji *beide* im Job durchstarten, wenn die Betreuungsfrage für ihre statistischen 1,5 Kinder nicht geklärt ist?

- Dank des seit den 1960er-Jahren geltenden Steuergesetzes ist es für viele Paare finanziell deutlich lohnender, wenn nur einer der Partner viel verdient. Traditionell ist dies dann der Mann. Solange es dieses Gesetz gibt, werden wenig Anreize dafür geschaffen, aus der Tradition auszubrechen.

- Schwangere und junge Mütter sehen sich nicht selten dem Mobbing ihrer Kollegen und einer gesellschaftlichen Diskriminierung ausgesetzt. Dass es sich hierbei nicht um Einzelfälle handelt, zeigt auch die japanische Sprache, die für diese Art der Belästigung mit *matahara* (von englisch *maternity harassment*) sogar einen eigenen Ausdruck bereithält.

Vielleicht haben auch viele Japaner noch nicht die Vorteile sowie die gesellschaftliche Notwendigkeit des Umdenkens hinsichtlich ebendieser traditionellen Rollenverteilung verinnerlicht, die zu Zeiten der Meiji-Restauration vor rund 130 Jahren als gesellschaftliches Modell aus Preußen übernommen wurde. Denn die Realität in japanischen Unternehmen und Behörden sieht auch heute noch so aus, dass das Schuften bis zur Erschöpfung (oder zumindest so lange, wie der Chef im Büro bleibt) und das gemeinsame Trinkengehen mit Kollegen nach Feierabend zum Pflichtprogramm gehören. Beides geht nicht, wenn die Erziehung und Betreuung der Kinder nicht wirklich gleichberechtigt unter den Partnern aufgeteilt ist. Bei einem traditionellen Familienmodell sind Frauen mit Kindern per se außen vor.

Mobbing gegen Mütter

Schwangere und junge Mütter sind schutzbedürftige Mitglieder der Gesellschaft, richtig? Theoretisch ja, praktisch sieht sich dieser Teil der japanischen Gesellschaft dennoch verschiedenen Formen der Diskriminierung ausgesetzt. 2015 befragte die Wirtschaftszeitung *Nikkei Shimbun* 3.000 Schwangere, die sich in einem befristeten Arbeitsverhältnis befanden, zu ihren Erfahrungen mit *matahara*. Stattliche 48 Prozent gaben an, *matahara* in der einen oder anderen Form bereits erfahren zu haben.

Doch woher kommen die Anfeindungen? Wer in Japan arbeitet, ist Teil eines engen, eingeschworenen Kreises – in diesem Fall Teil des Unternehmens und hier wiederum beispielsweise eines engeren Kreises wie einer Abteilung. Wird ein Mitglied dieses Kreises schwanger, ist es traditioneller Brauch, dass sie spätestens dann das Unternehmen verlässt (sollte die Frau das nicht schon vor der Hochzeit getan haben) – ein Grundsatz, dem laut der Organisation Matahara Net nach wie vor 50 Prozent aller werdenden Mütter folgen. Missachtet eine Schwangere diesen Brauch, gehen manche Kollegen und Kolleginnen davon aus, dass die Traditionsbrecherin eine Sonderbehandlung im mitunter anstrengenden Arbeitsalltag einfordern wird – die Kollegin *könnte* ihren Kollegen und Kolleginnen zur Last fallen. Schließlich sind laut Umfragen in 44 Prozent aller betroffenen Unternehmen Überstunden die Regel. Mitunter wird bis spät in die Nacht gearbeitet – eine Belastung, die eine schwangere Frau irgendwann im Verlauf ihrer Schwangerschaft nicht mehr mitmachen kann, wenn sie ihr ungeborenes Kind und sich selbst nicht gefährden will. Dadurch wird die Mitarbeiterin in den Augen der Kollegen und Kolleginnen zum sprichwörtlichen herausstehenden Nagel, der Probleme verursachen könnte. Oder anders ausgedrückt: Ihr wird unterstellt, potenziell ihr Ich und das Wohl ihres heranwachsenden Kindes über das Wir der Gruppe zu stellen. Neben Ausgrenzung müssen Betroffene oft Statusherabsetzungen und Gehaltskürzungen hinnehmen – diese Art von psychischem Druck soll sie dazu bewegen, von sich aus zu kündigen. Reicht all das nicht aus, um die Mitarbeiterin aus dem Unternehmen zu ekeln, greifen Vorgesetzte mitunter zu noch drastischeren Maßnahmen: Matahara Net berichtete davon, dass Schwangere gerade nicht geschont würden, stattdessen würden ihnen extra körperlich fordernde Tätigkeiten zugewiesen.

So ging es auch Naoko, als sie von Hiro ein Baby erwartete. Nach ihrer Solohochzeit vor anderthalb Jahren war sie auf einmal viel entspannter bei der Partnersuche. Als sie dann kurze Zeit später Hiro über eine Dating-App kennenlernte, war für beide schon kurz nach dem ersten Treffen klar: wir gehören zusammen. Die Hochzeit war wunderschön, und kurz darauf wurde Naoko schwanger. Als sie den positiven Test in den Händen hielt, war das der schönste Tag ihres Lebens. Und jetzt das. Naoko spürt die Feindseligkeit vieler Kollegen und fühlt sich jeden Tag schlechter, wenn sie zur Arbeit geht. Auf Hiros Drängen hin – und viel früher als vom Gesetzgeber empfohlen –

verabschiedet sie sich in den Mutterschutz und schwört, nie wieder in diese Firma zurückzukehren.

Aufgrund seines Charakters ist *matahara* ein Phänomen, das nicht nur Einzelne betrifft, sondern im Grunde die gesamte japanische Gesellschaft: Sowohl Betroffene als auch Kolleginnen erleben eine Schwangerschaft nicht mehr als etwas Erfreuliches, sondern als Problem für die eigene Person und das Umfeld. In einem Land mit starker Überalterung und viel zu geringer Geburten- und Migrationsrate ist das ein großes Problem, das ein Umdenken im Hinblick auf festgefahrene Rollenbilder und die Arbeitsethik aus der Zeit der Bubble Economy, die das Überstundenmachen glorifiziert, zwingend erfordert.

Wie sehr das traditionelle Gesellschaftsbild im Denken der Japaner verhaftet ist, zeigt eine repräsentative Umfrage aus dem Jahr 2016: 45 Prozent aller befragten Männer waren der Meinung, dass Frauen zu Hause bleiben sollten. Und traurig, aber wahr: Die Befragten wurden nicht aus den Reihen des Auswahlkomitees der eingangs erwähnten Tokyo Medical University rekrutiert, sondern aus sämtlichen gesellschaftlichen Milieus.

Zwischenfazit: Die Männerwelt möchte gerne an einer traditionellen Arbeitswelt festhalten, in der die Frauen eher untergeordnete Rollen übernehmen und mit ihrer Schwangerschaft aus dem Unternehmen ausscheiden.

So viel zu den Männern. Doch was wünschen sich junge Frauen? Als in einer landesweiten Studie im Jahr 2017 sowohl Mädchen als auch Jungen nach ihren Traumberufen gefragt wurden, fiel das Ergebnis aus der Sicht von Genderforschern ernüchternd aus: Die Jungen gaben an, dass sie Akademiker, Ärzte oder Fußballstars werden wollten. Die Mädchen nannten – wie bereits in den 21 jährlichen Studien zuvor – am häufigsten den Beruf der Bäckerin. Kaum eines der Mädchen konnte sich indes eine Führungsrolle in einem Unternehmen vorstellen. Hier hat nicht nur Shinzō Abe noch einiges an Arbeit vor sich.

DIE GEBURT

VON FRUCHTBARKEITS-
KOCHKURSEN, SCHUTZ-
GÖTTERN UND STAATLICH
VERORDNETEN SPEEDDATES

Es ist 15.33 Uhr, als Haruki Watanabe spürt, dass etwas anders ist als sonst. Er macht sich auf den Weg. Mühsam ist es, und es dauert. Aber schließlich wird es hell. Heller als jemals zuvor. Haruki erblickt in einem Krankenhaus in Tōkyō das Licht der Welt.

Zeitgleich wird im circa 40 Kilometer entfernten Kawasaki ein riesiger Stahlpenis durch die Straßen getragen. Es ist der erste Sonntag im April, und am Kanayama-Schrein wird Kanamara Matsuri gefeiert, das Fest des stählernen Penis. Mit so ziemlich allem, was man sich in Penisform vorstellen kann: Lollis, Eis und Schokobananen, sogar Kerzen und Brillen. Die Einwohner tanzen fröhlich um riesige Penisskulpturen, die durch die Straßen gezogen werden, und junge Mädchen posieren für Selfies lachend auf einem riesigen Holzdildo.

Was nach einer bizarren Halloweenfeier klingt, geht auf eine alte japanische Sage zurück. Ein Dämon bemächtigte sich junger Frauen und versah ihre Vagina – hier werden Männeralpträume wahr – mit scharfen Zähnen. Jeder Liebhaber lief also Gefahr, sein bestes Stück einfach abgebissen zu kriegen. Zum Glück kam ein Schmied, dessen Liebste vom Dämon befallen war, auf die Idee, einen stählernen Penis zu schmieden. Daran biss sich der Dämon im wahrsten Sinne des Wortes die Zähne aus. Praktischerweise konnte der Schmied sein Mädchen direkt heiraten, nachdem der Dämon geflohen war. Der Kanayama-Schrein, an dem das Spektakel stattfindet, war früher eine Anlaufstelle für Prostituierte, die um gute Geschäfte und Schutz vor sexuell übertragbaren Krankheiten baten. Der Shintōismus ist in dieser Hinsicht um einiges liberaler und der Sexualität gegenüber aufgeschlossener als das Christentum. Heute ist das Fest vor allem eine Feier der Fruchtbarkeit und der Liebesbeziehungen und wird mit einer Spendenaktion zugunsten der Aids-Forschung verbunden.

Zum Glück hatte Kenji vor gut neun Monaten keine Angst vor der bissigen Vagina. Denn sonst wäre Haruki wohl niemals geboren worden. Und die Japaner können derzeit jedes Neugeborene gut gebrauchen, denn die Bevölkerungszahlen sind rückläufig. Anfang der 1950er-Jahre lag die Geburtenrate in Japan noch bei 2,75 Kindern pro Frau. Heute sind es dagegen nur noch 1,43 Kinder, in Tōkyō sogar nur 1,13. Schon heute werden in Japan mehr Windeln für Erwachsene als für Babys verkauft.

Kein Wunder, dass die Regierung nun handelt. So werden staatlich organisierte Speeddatings und Vaterschaftskurse veranstaltet. Die Präfektur Akita hat es besonders schlimm erwischt; hier schrumpft die Bevölkerung noch schneller als anderswo. Daher hat die Regierung ein Hochzeitunterstützungszentrum ins Leben gerufen. Heiratswillige können sich hier registrieren und vom Staat verkuppeln lassen – etwa bei einer romantischen Fahrt im Shinkansen oder beim gemeinsamen Backen am Valentinstag.

Kenji und Yukiko haben sich zwar auf die altmodische Art kennengelernt, aber auch sie haben länger gezögert, ehe sie ein Kind in die Welt setzten. Nicht etwa, weil sie keins wollten – aber wann ist der richtige Zeitpunkt? An ein uneheliches Kind war gar nicht erst zu denken. In Japan werden 98 Prozent der Kinder nach der Hochzeit geboren (häufiger auch weniger als neun Monate danach), in Deutschland dagegen sind mehr als 30 Prozent der Neugeborenen uneheliche Kinder. Mit ihren 28 Jahren waren Kenji und Yukiko bei der Hochzeit noch relativ jung (das durchschnittliche Heiratsalter beträgt bei Frauen inzwischen 29,4 Jahre, 1979 lag es noch bei 24,2 Jahren), trotzdem ist Yukiko bei der Geburt ihres ersten Kindes bereits über 30. Ihr war es aber wichtig, Mutter zu werden, bevor sie 35 ist.

Diese „magische" Grenze existiert in den Köpfen vieler Frauen und wird vom japanischen Gesundheitssystem unterstützt, das über 35-Jährige nicht zum Kinderkriegen ermutigt, sondern deren Schwangerschaften als Risikoschwangerschaften einstuft. Zum Teil steigen die Kostenpauschalen in den Krankenhäusern mit dem Alter der Frauen. Damit verkürzt sich allerdings der Zeitrahmen des Kinderkriegens auf wenige Jahre.

Yukikos Freundin Saki hat sich neulich beim *ninkatsu-Yo-ga* angemeldet. *Ninkatsu* ist eine Wortschöpfung aus *ninshin* (Schwangerschaft) und *katsudo* (Aktivität). Dieser spezielle Yogakurs soll die Körpermitte erwärmen und somit eine Schwangerschaft begünstigen. Noch hat es bei Saki nichts geholfen. Vielleicht meldet sie sich noch zu einem *ninkatsu-*

Kochkurs an – oder sie kann ihren Mann Ryū davon überzeugen, sein Sperma testen zu lassen. Denn immerhin liegt es bei rund 50 Prozent der ungewollt kinderlosen Paare an den Männern, dass es mit dem Kinderkriegen nicht klappt ...

Für Kenji und Yukiko ist der enge Zeitrahmen nicht das einzige Problem. Bis zur Hochzeit haben sie noch bei ihren Eltern gewohnt – ganz einfach deshalb, weil sie sich in der teuren Hauptstadt keine eigene Wohnung leisten konnten. Zum Glück verdienen beide inzwischen genug, um auf eigenen Beinen zu stehen. Aber einfach ist es nicht: Kenji fährt jeden Tag über eine Stunde zur Arbeit, bei Yukiko sind es 40 Minuten – obwohl die beiden in Tōkyō leben und arbeiten. Ihre kleine Wohnung reicht für ein Kind, für ein zweites müssten sie arg zusammenrücken. Kinderbetreuungsplätze sind rar in der Hauptstadt, und Yukikos Arbeitgeber wünscht, dass sie spätestens nach den 14 Wochen Mutterschaftsurlaub wieder an den Arbeitsplatz zurückkehrt. Kenji könnte theoretisch auch Erziehungsurlaub nehmen, fürchtet aber berufliche Nachteile. Nur etwa ein Prozent der japanischen Männer nimmt die Möglichkeit des Erziehungsurlaubs in Anspruch. Da die Kitaplätze nach einem Punktesystem vergeben werden, hofft Yukiko, dass sie einen Betreuungsplatz bekommt. Sie hat aber sogar schon von Bekannten gehört, die sich haben scheiden lassen, weil sie als Alleinerziehende mehr Punkte bekommen – nur um direkt danach wieder zu heiraten.

An so etwas denken die beiden so kurz nach der Geburt nicht. Zum Glück ist alles gut gegangen. Zur Sicherheit waren Yukiko und Kenji kurz vorher noch bei einem Schrein in der Nachbarschaft und haben für eine sichere Geburt gebetet. Gegen eine Gebühr hat ein Priester dann die entsprechende Zeremonie durchgeführt, und Yukiko bekam neben Reis,

Sake und einer Schutzgotttafel noch einen Gürtel, den sie sich um den Bauch wickelte. Zu Beginn des fünften Schwangerschaftsmonats waren Kenji und Yukiko am Tag des Hundes schon einmal am Schrein gewesen, um für die Geburt zu beten. Ab dem fünften Monat gilt eine Schwangerschaft in Japan als »sicher«, also einen Monat später als hierzulande. Warum am Tag des Hundes? Hunde spüren angeblich keinen Wehenschmerz – und welche Frau wünscht sich das nicht? Trotz göttlicher Unterstützung ist Yukiko aber froh, dass sie sich für eine schmerzstillende PDA entschieden hat, auch wenn sie den Volksglauben kennt, dass eine Mutter die Wehen ohne Schmerzmittel aushalten sollte, damit sie sich gut auf ihre Mutterrolle vorbereitet und eine bessere Mutter-Kind-Bindung aufbaut.

Auch Kenji denkt eher modern und wollte daher bei der Geburt dabei sein. Beim Geburtsvorbereitungskurs haben beide gelacht, als er sich die Zehn-Kilo-Schürze umbinden sollte, um besser nachvollziehen zu können, wie es seiner Frau geht. Gut, ein bisschen komisch ist er sich schon dabei vorgekommen. Und ganz schön unbequem war es auch. Zum Glück hat ihn keiner der Kollegen so gesehen ... Yukiko hatte zu Beginn der Schwangerschaft von ihrem Arzt die Empfehlung bekommen, bestenfalls nicht mehr als acht bis zwölf Kilo zuzunehmen. In Deutschland dürfen Schwangere etwas mehr zulegen – hier lautet die Empfehlung für eine Gewichtszunahme etwa zehn bis 16 Kilo. Da Yukiko ungefähr in der Mitte (bei 10,5 Kilo) gelandet ist, passte das Gewicht der Schürze schon ganz gut.

Bei der Auswahl des Namens hatten sie sich im Vorfeld einige Gedanken gemacht. Für Haruki haben sie sich entschieden, weil sie die Bedeutung und auch die Schreibweise in Kanji schön fanden. Dabei kann sowohl *haru* als auch *ki* je nach Schreibweise verschiedene Bedeutungen haben. Yukiko hat sich dann für »*haru* – Sonne« und »*ki* – lebendig« entschieden.

Jetzt, nach der Geburt, interessiert sich Yukiko auch für die Blutgruppe des kleinen Haruki. Wie viele Japaner glaubt sie daran, dass die Blutgruppe den Charakter beeinflusst, auch wenn es wissenschaftlich keinen Hinweis auf einen Zusammenhang gibt – genau wie beim Glauben an Horoskope und Sternzeichen. Yukiko hofft, dass Haruki wie sie A-positiv ist. Denn A gehört zu den »guten« Blutgruppen und ist mit Eigenschaften verbunden, die Japanern wichtig sind. Menschen mit Blutgruppe A sind demnach sensibel und einfühlsam, nehmen Rücksicht auf andere Personen, lieben Ordnung, sind ausdauernd, fleißig und sichere Autofahrer. (Nun ja, Harukis Qualitäten als Autofahrer sind Yukiko momentan vielleicht noch nicht so wichtig.) Menschen mit Blutgruppe B dagegen denken nicht so sehr an andere, ziehen ihr eigenes Ding durch, halten sich nicht immer an Regeln, sind flexibel, pragmatisch, feiern gerne und verlieben sich schnell. Das mögen Eigenschaften sein, die auf viele Protagonisten in Hollywoodfilmen zutreffen und da durchaus positiv besetzt sind; Yukiko ist trotzdem erleichtert, als sie erfährt, dass Haruki – wie 40 Prozent der Japaner – Blutgruppe A hat.

Praktischerweise gibt es in Japan auf die Blutgruppe abgestimmte Produkte zu kaufen: zum Beispiel unterschiedliche zur Entspannung verhelfende Badezusätze für jede Blutgruppe oder unterschiedliche Softdrinks für jede Blutgruppe, die bestimmte Eigenschaften verstärken sollen. Es gibt Selbsthilfebücher, Parfüms, Flirttipps und Partnervermittlung für jede Blutgruppe und sogar unterschiedliche Kondome. Aufgebracht hat das Ganze der japanische Arzt Kimata Hara, der 1916 als Erster nach Hinweisen auf den Zusammenhang zwischen Blutgruppe und Charakter suchte. Gefunden hat er zwar nichts – zumindest nichts wissenschaftlich Haltbares –, aber wen stört das schon?

Yukiko findet jedenfalls, dass sie und Kenji perfekt zusammenpassen. Kein Wunder, er hat ja auch Blutgruppe 0 (wie 30 Prozent aller Japaner), und laut Beziehungsratgebern und Frauenzeitschriften ist die Paarung A und 0 eine gute Kombination. Voller sich ergänzender Gegensätze.

Fünf Tage später sind die beiden zusammen mit ihrem neugeborenen Sohn wieder zu Hause. In den Tagen im Krankenhaus hat Yukiko gelernt, wie sie das Baby stillt, wickelt und badet. Das erste Bad *(ubuyu)* gab es traditionell am dritten Tag nach der Geburt. Auch jetzt zu Hause wird der kleine Haruki jeden Tag gebadet. Vielleicht wird er dadurch wie seine Eltern zu einem Fan des Badens im *onsen* – im Wasser einer heißen Quelle. Nachts schläft Haruki, wie so viele japanische Kinder, mit im Bett seiner Eltern. Und das wird auch so bleiben, bis kurz vor seinem dritten Geburtstag, wenn Kenji ihm ein eigenes Bett kauft.

Aber so weit ist es noch nicht. Bevor Haruki auch nur seinen ersten Geburtstag feiern kann, warten noch einige übliche religiöse Rituale auf ihn ...

In der siebten Nacht nach seiner Geburt geht es schon los. Es ist Zeit für *oshichiya,* das Schreiben des Namens. Kenji gibt sich viel Mühe, den Namen seines Neugeborenen mit dem Kalligrafiepinsel so schön wie möglich zu Papier zu bringen. Dann wird das Papier mit dem Namen darauf gut sichtbar aufgehängt und der Name somit offiziell der Familie verkündet. Da klingelt es auch schon an der Tür: seine und Yukikos

Eltern vorbei, um diesen Tag mit einem gemeinsamen Essen zu feiern.

Am 5. Mai wird in Japan der Tag der Kinder gefeiert. Früher war es der Tag der Jungen, heute gilt er für alle Kinder. Die Mädchen haben am 3. März aber noch einen eigenen Feiertag. Kenji hängt als stolzer Vater eines Jungen die typischen *koinobori* (Karpfenwimpel) auf. Einen großen schwarzen, der den Vater repräsentiert, einen roten für die Mutter und einen kleinen blauen für seinen Sohn. Allerdings ist es ein wunderschöner, fast windstiller Frühlingstag, sodass die Wimpel nur schlaff herunterhängen. Aber egal. Danach trifft sich die Familie bei Kenjis Eltern. Sie haben eine Samuraifigur aufgestellt, die *gogatsuningyo,* um Söhnen Stärke zu verleihen, und beten gemeinsam für die Gesundheit des kleinen Haruki. Den Kinderumzug, bei dem der Omikoshi-Schrein durch die Straßen getragen wird, verschläft Haruki. Nächstes Jahr wird er vielleicht mehr davon mitbekommen.

Am 31. Tag nach der Geburt (bei Mädchen am 33. Tag nach der Geburt) kommt der nächste wichtige Schritt. Yukikos Mutter ist schon früh da und hat das Geschenk mitgebracht, einen kleinen traditionellen Kimono für Haruki. Alle sind sich einig, dass er einfach zu niedlich darin aussieht, und schon macht Kenji die ersten Fotos. Auch Yukiko, ihre Mutter und ihre Schwiegermutter haben Kimonos angezogen. Die Familie macht sich auf den Weg zu einem Schrein in der Nachbarschaft. Bis dorthin darf eine der Großmütter das Baby tragen, und zwar Kenjis Mutter Takako. Aber natürlich werden vor dem Schrein noch Fotos mit Haruki auf den Armen aller Großeltern gemacht. Leider sind die Kirschblüten schon verblüht – wäre Haruki einen Monat früher geboren, hätte es noch klappen können mit dem Erinnerungs-Familienfoto vor den blühenden Kirschbäumen. Im Schrein stellt der Priester das Baby den Göttern vor und verliest dabei laut den Namen der Eltern, deren Adresse und natürlich den Namen des Babys. Es sind noch vier andere Familien da, aber Kenji und Yukiko sind sich einig, dass Haruki bei Weitem das hübscheste Baby ist. Außerdem hat er die ganze Zeit nicht geweint und das Ritual somit nicht gestört. Ein tolles Kind!

100 Tage nach der Geburt kommt ein großer Tag für Haruki: der Tag des *okuizome,* der ersten richtigen Mahlzeit für das Baby. Yukiko hat dafür ein Geschirrset mit kleinen roten Schüsselchen gekauft. Für Mädchen ist die traditionelle Farbe für das Geschirr Schwarz. Yukiko hat ein vollständiges Menü für den kleinen Haruki zubereitet, unter anderem *sekihan* (Reis mit roten Bohnen), gedünstetes Gemüse, einen Stein und natürlich Fisch. Moment ... einen Stein? Natürlich ist es ein glatter Stein, und Haruki hat zum Glück auch noch keine Zähne. Vorsichtig lässt Kenji seinen kleinen Sohn ein bisschen auf dem Stein herumkauen – das soll dabei helfen, dass Haruki bald schöne, gesunde Zähne wachsen. Yukiko und Kenji wechseln sich bei dieser ersten Mahlzeit mit dem Füttern ab, Haruki isst aber nur ein paar Happen und macht eine ganz schöne Unordnung dabei, weil er die ganze Zeit versucht, nach den Stäbchen und Schüsselchen zu greifen. Die süßen roten Bohnen scheint er aber schon mal gerne zu mögen.

Heute sind die vielen Rituale um die Geburt schöne Gelegenheiten, sich mit der Familie zu treffen und Erinnerungsfotos zu machen. Ursprünglich dienten sie aber dazu, das Leben des Kindes zu schützen. Bei der Geburt – so glaubte man – wird das Baby von einem unsterblichen Ahnengeist durchdrungen. Sobald das Baby seinen ersten Schrei – *ubugoe* – ausstößt, ist es so weit. Allerdings ist die Verbindung zwischen

Geist und Körper am Anfang noch schwach und kann sich leicht lösen. Denn auch wenn Japan mittlerweile die weltweit niedrigste Kindersterblichkeit hat, war das nicht immer so. In früheren Zeiten gab es daher viele Rituale, die den Geist an den Babykörper binden und damit das Kind schützen sollten.

Davon weiß Haruki noch nichts. Yukiko hat ihm einen Schwimmring gekauft, der aber nicht um die Hüfte, sondern wie ein Kragen um den Hals gelegt wird. Damit treibt Haruki fröhlich glucksend zu Hause im *ofuro,* der tiefen Badewanne, denn baden macht ihm noch immer großen Spaß.

FENSTERLN
AUF JAPANISCH

VON NACKTEM HAUSBESUCH, VERKEHR FÜR EIN BESSERES KARMA UND EINER FRÜHEN FORM DES SEXTOURISMUS

Mit langen Zügen kämmt Midori ihr glänzendes schwarzes Haar. Sie riecht die Kräuter, mit denen sie die Spitzen eben noch behandelt hat, und spürt, wie ihr die Strähnen geschmeidig durch die Hand gleiten. Dass die Haare perfekt aussehen und sich auch so anfühlen, ist ihr wichtig. Auch jetzt, obwohl sie gleich zu Bett gehen wird. Oder vielleicht auch gerade deswegen. Midori ist Kenjis Ururgroßmutter. Streng genommen ist sie es noch nicht, aber dazu gleich mehr.

Drei Jahre sind vergangen, seit Mutsuhito seinen Thronnamen Meiji angenommen und damit als Kaiser die Meiji-Zeit begründet hat. Midori hört ihren Vater im Nebenzimmer an der Feuerstelle husten. In der Schlacht um Shiroyama hatten wenige Jahre zuvor ein paar Hundert Rebellen rund um den einflussreichen militärischen Führer Takamori Saigō um ihr Recht gekämpft, als Samurai ein Schwert besitzen und führen zu dürfen. Auch die neuen Ideen einer Erneuerung und Öffnung seines Landes für den Westen hatten den General und seine treuen Samuraikollegen gestört: Warum etwas ändern, was doch über Jahrhunderte gut funktioniert hatte? Die Antwort auf diese Frage lieferten prompt die bereits nach preußischem Vorbild modernisierten kaiserlichen Truppen, die sich dem wertkonservativen Saigō entgegenstellten. So prallten nahe Kagoshima am Hügel Shiroyama alte Kampfkunst, traditionelle Schwerter und Lederrüstungen auf der einen Seite und Gewehre und westliche Kriegstaktik auf der anderen Seite aufeinander. Der 24. September 1877 beendete das Leben einiger Hundert Samurai und ließ Saigō mit einer verletzten Hüfte und in großer Schmach zurück. Er überredete einen Kameraden dazu, ihn durch Enthauptung vor einer Gefangennahme und – noch schlimmer – der Entehrung zu bewahren. So fand der letzte große Aufstand der japanischen Geschichte sein Ende und veränderte das Wesen von Midoris Vater ein für alle Mal. Obwohl er, der aufseiten der kaiserlichen Armee gekämpft hatte, keine ernsten körperlichen Blessuren davontrug, war er, ehemals ein fröhlicher Mann, nach der Schlacht nicht mehr derselbe. Außerdem hat er von der Schlacht diesen seltsamen Husten mitgebracht, der seine Kräfte mehr und mehr aufzufressen scheint.

Midori löscht das Licht und legt sich auf ihr Futon. »Wie lange wird es *yobai* wohl noch geben?«, überlegt sie, während sie dem Wind lauscht, der an den Wänden ihres elterlichen Hauses entlangstreicht. In einem modernen Staat, den Meiji jetzt anstrebt, haben Bräuche wie der des Geschlechtsverkehrs außerhalb der Beziehung offenbar nichts mehr zu suchen. Meiji besteht auf Familien mit monogamen Beziehungen nach westlichem Vorbild. Hier auf dem Lande wird sich *yobai* sicherlich noch länger halten als in der schnell wachsenden und schon jetzt an Weltstädte wie Paris und London erinnernden »Hauptstadt des Ostens«, wie Edo seit einer Weile heißt. Dort sind viele Menschen angeblich bereits in diesem neuen Haushaltsregister erfasst, dem *koseki*. Das gibt ganz genau Auskunft darüber, wer zu einer Familie gehört – amtlich geregelte Verhältnisse sozusagen. Ihr Vater hat neulich beim Essen erzählt, dass außerehelicher Sex bald unter Strafe gestellt werden soll. Daher werden solche Zusammenkünfte zukünftig sicherlich heimlicher ablaufen müssen als bisher. Aber dann gäbe es ja immer noch den Tanz beim O-Bon-Fest, um Männer auf andere Weise kennenzulernen als ... Hat es gerade geklopft? Sie lauscht und hört nur den Wind, der vehement an den Fensterläden rüttelt. Enttäuscht senkt sie ihren Kopf wieder auf das mit Buchweizen gefüllte Rollkissen. Doch da ist es wieder: ein Klopfen. Sehr zaghaft, aber zweifelsohne ein Klopfen.

Als sich die Schiebetür zu ihrem Zimmer leise öffnet, steht dort ein junger Kerl. Er könnte ein paar Jahre älter sein als sie. Sie sieht im fahlen Mondlicht, dass er lächelt, schlank und vor allen Dingen sehr nackt ist. Vielleicht kommt er aus Fukuoka? Midori hat gehört, dass ein Mann, der in der Präfektur Fukuoka nackt vor einem fremden Haus aufgegriffen wird, straffrei ausgeht, weil so auf den ersten Blick zu erkennen ist, dass es sich bei dem Unbekleideten nicht um einen in flagranti ertappten Räuber handeln kann. Jetzt erkennt sie, dass der Nackte Kazuhiro ist, der Sohn des Schmieds. Ohne seine schwere Schürze sieht er doch erheblich anders aus. Er hebt eine Augenbraue und schaut Midori auffordernd an. Sie nickt, und nachdem er die Schiebetür hinter sich wieder leise geschlossen und das Bündel mit seiner Kleidung sorgfältig am Fußende des Futons abgelegt hat, bettet er sich hinter Midori.

Im Morgengrauen streift Kazuhiro seine Kleidung über und verlässt das Haus so leise, wie er des Nachts erschienen war. Eine Kleinigkeit hat er allerdings zurückgelassen, die in den nächsten Monaten in Midori heranwächst: Rintarō, Kenjis Urgroßvater.

»Tja, das waren damals andere Zeiten«, beschließt Hideo die Geschichte der Zeugung seines Großvaters, die er in gemäßigtem Tempo vorgetragen hat. Kenji hatte seinen Vater darauf angesprochen, als er anlässlich der Geburt seines Sohns Haruki einen Familienstammbaum zeichnen wollte. Über Uropa Rintarō wusste er bislang nicht viel mehr als dessen Namen. Und nun das: In seiner Familie wurde freie Liebe praktiziert!

»Na, freie Liebe würde ich es aber nicht nennen«, korrigiert Hideo, als Kenji seinen Gedanken laut ausspricht. »Es ist richtig, dass es damals üblich war, dass unverheiratete Männer bei unverheirateten Frauen vorbeigegangen sind. Mochte man sich, hat man sich vereint, und der Mann verließ am nächsten Morgen wieder das Haus.« »Und was war mit den Eltern der Mädchen?« »Viele haben sicherlich davon gewusst und es geduldet. Es war ja auch eine gute Möglichkeit, potenzielle Hochzeitskandidaten näher kennenzulernen. Schickte sich ein Mann nach dem dritten oder vierten nächtlichen Besuch immer noch nicht an, dem Mädchen einen Antrag zu machen, mischten sich die Eltern ein und machten ihre Position deutlich.« »Und die Frauen wussten bereits, worauf sie sich bei ihrem Mann einließen. Im Bett zumindest.« »Definitiv. Die Moralvorstellungen waren damals ganz anders. Sex und romantische Gefühle wurden durchaus auch getrennt, und die Leute haben sich teilweise auch aus religiösen Gründen miteinander vergnügt.« »Wie bitte?« »Ja, es war durchaus üblich, mit einem Fremden Sex zu haben, um ein schlechtes Jahr zu vertreiben. Wenn es monatelang richtig mies gelaufen war, konnte ein anderer Partner auf dem Futon den nötigen Impuls mitbringen, um die Götter milde zu stimmen und alles zum Guten zu wenden.« »Klingt archaisch.« »Ja, das dachte auch Kaiser Meiji«, bestätigt Hideo Watanabe, »und ließ daher *yobai* auch gleich verbieten. Was aber sicherlich auch daran lag, dass sich in manchen Regionen nicht nur junge, unverheiratete Menschen zum Sex trafen, sondern auch verheiratete Männer und Frauen. Nächtliche Besucher mussten nicht zwangsläufig Leute aus demselben Ort sein, sondern konnten auch aus anderen Ortschaften kommen oder Männer auf der Durchreise sein. Das war sicher gut für den Genpool. Aber wie gesagt: Wie *yobai* gelebt wurde, unterschied sich von Präfektur zu Präfektur. Im Südwesten soll es sexuell am liberalsten zugegangen sein. So oder so muss das auf die Europäer und Amerikaner geradezu primitiv gewirkt haben, weshalb im Rahmen der Meiji-Restauration solche Bräuche auch abgeschafft wurden. Wenngleich *yobai* in manchen Regionen noch bis nach dem Zweiten Weltkrieg praktiziert worden sein soll.« »Du hast vorhin das O-Bon-Fest erwähnt.« »Ja, die Tänze anlässlich des O-Bon waren nach dem Verbot von *yobai* eine von Singles, aber auch von verheirateten Männern und Frauen gern genutzte Gelegenheit, sich ohne Verpflichtungen näher kennenzulernen. Wie sagt man heute dazu?« »*Sekusutomo, sefre,* One-Night-Stand ...« Kenjis Vater nickt und scheint sich in diesem Augenblick auch an durchtanzte O-Bon-Feste zu erinnern.

Kenji muss an einen entscheidenden Aspekt einer sexuellen Beziehung denken: »Damals gab es aber noch keine Verhütung, oder?« »Ja, wenn eine junge Frau schwanger wurde und sie nicht wusste, wer der Vater war, und keine Hochzeit in Frage kam, bekam sie das Kind, und es wurde dann häufig von ihren Eltern wie deren eigenes aufgezogen. So blieb sie für potenzielle zukünftige Partner attraktiv.«

Yobai klingt eigentlich nach einem entspannten, hippiehaften Umgang mit Sexualität – wenngleich Frauen seinerzeit nicht die Freiheiten hatten, die ihre Geschlechtsgenossinnen in den 1960er- und 1970er-Jahren genießen konnten. Nahmen die Frauen wirklich immer freiwillig an den *yobai*-Zusammenkünften teil? Da man in der japanischen Kultur indirekt formuliert und das Wort »nein« möglichst zu vermeiden versucht, wurden vielleicht nicht immer alle Männer abgewiesen, die man gerne weggeschickt hätte.

Kenji schüttelt den düsteren Gedanken ab und trägt in das Feld neben dem Namen Kazuhiro Watanabe Midori und darunter Rintarō ein. Ob er seinem Sohn Haruki später einmal erzählen soll, wie sein Urahn gezeugt wurde? Vielleicht. Aber bis dahin ist ja noch viel Zeit.

KINDER AUF ERFOLGSKURS

VON SCHATTENFANGEN, PANDABÄREN IN DER BENTŌ-BOX UND DEM LERNEN FÜR DIE AUFNAHMEPRÜFUNG

Haruki schaut aus dem Fenster. Es ist ein schöner Herbsttag, draußen scheint die Sonne. Jetzt wäre er gerne draußen bei seinen Freunden. Sie könnten Schattenfangen spielen. Dabei muss ein Fänger versuchen, auf die Schatten eines anderen zu treten. Der, den es erwischt, ist dann der nächste Schattenfänger. Vielleicht morgen, im Kindergarten. Er wird morgen seinen Freund Daiki fragen, ob er mitspielen möchte. Er wird ...

»Haruki, träumst du schon wieder?« Seine Mama lächelt zwar, klopft aber schon ungeduldig mit der Stoppuhr auf den Tisch. Schnell wendet sich Haruki wieder seinen Aufgaben zu. Momentan vergleicht er verschiedene Formen und Größen – und das Ganze auf Zeit. Lesen und schreiben kann Haruki auch schon, aber das ist mit seinen fünf Jahren fast normal. Viele Kinder aus seinem Kindergarten können das schon. Zumindest das Silbenalphabet *hiragana* haben die meisten seiner

Freunde schon zu Hause gelernt. Manche Mütter üben bereits im Babyalter mit ihren Kindern, indem sie Karten mit den Schriftzeichen hochhalten und dabei die Bedeutung sagen. Haruki ist nun fertig, und seine Mama nickt zufrieden. Anscheinend war er doch schnell genug. Nun lässt sie ihn zum Schluss noch ein paar Origami falten. Das macht Haruki gern, außerdem ist es ein Zeichen dafür, dass die abendliche Lernzeit bald zu Ende ist.

Und tatsächlich, seine Mama fängt schon an, das Essen für sie beide zuzubereiten. Sein Papa kommt heute wahrscheinlich wieder später nach Hause – oft kommt er erst, wenn Haruki schon im Bett ist. Heute gibt es eine von Harukis Lieblingsspeisen – *omurice*. Das ist ein Omelett, das mit gebratenem Reis, Hühnchen, Erbsen und Karotten gefüllt ist. Auf das Omelett malt ihm seine Mama mit Ketchup Pikachu, sein Lieblings-Pokémon. Nach dem Essen dann das tägliche Bad, Zähne putzen und ab ins Bett. Haruki schläft noch immer im selben Bett wie seine Eltern, das ist schön gemütlich. Wenn er nachts aufwacht, weil er schlecht geträumt hat, kann er sich ganz beruhigt wieder einkuscheln, wenn er die beiden neben sich schlafen sieht.

Während Haruki sich bettfertig macht, räumt Yukiko noch ein bisschen auf und legt alles für den nächsten Tag bereit. Am nächsten Morgen, nach dem Frühstück und vor dem Kindergarten, wird Haruki noch einmal 20 Minuten lang lernen. Einmal pro Woche kommt zusätzlich noch ein Lehrer einer Nachhilfefirma vorbei, der dabei hilft, Haruki auf die Grundschule vorzubereiten. Denn Yukiko und Kenji möchten ihren Sohn gerne auf eine der angesehenen privaten Grundschulen schicken. Und da gibt es einige Aufnahmeprüfungen zu bestehen. Früher, als Kenji und sie selber noch Kinder waren, gingen die meisten Kinder auf staatliche Grundschulen und erst beim Wechsel auf die weiterführende Schule dann nach Möglichkeit auf Privatschulen, denn das verspricht die besten Chancen auf einen Studienplatz an einer guten Universität.

Früher hat das gereicht – ein guter Abschluss und danach eine lebenslange Beschäftigung in einem Unternehmen. Heute ist es nicht mehr ganz so einfach. Die Großunternehmen stellen weniger Menschen ein, jeder dritte Japaner arbeitet mit einem befristeten Vertrag, und viele staatliche Arbeitgeber wie die Post werden privatisiert. Damit geht auch die Zahl der Beamten zurück. Nur der Abschluss an einer der Eliteuniversitäten garantiert noch eine feste Anstellung. Und daher versuchen Yukiko und Kenji alles, um dem kleinen Haruki einen möglichst guten Start ins künftige Berufsleben zu verschaffen. Schließlich soll er später mal einen Platz an der Tōdai bekommen, der Topuniversität in Tōkyō.

Ideal wäre es gewesen, einen Platz in einer der wenigen staatlichen Eliteschulen zu ergattern, denn die Privatschulen sind teuer. Aber die Schulen sind so begehrt, dass schon die Plätze für die Aufnahmeprüfung verlost werden, und leider sind Yukiko und Kenji da leer ausgegangen. Also Privatschule. Zum Glück kann Yukiko wieder arbeiten, seit Haruki mit vier Jahren endlich einen Kindergartenplatz bekommen hat. Wegen der überfüllten Kindergärten in Tōkyō und entsprechend langen Wartelisten musste Yukiko länger zu Hause bleiben, als sie geplant hatte. Aber nun verdienen sie wieder beide.

Yukiko stellt noch schnell ein paar Dinge für das Frühstück am nächsten Morgen bereit. An den Wochentagen gibt es Toast oder Cornflakes, das ist schnell zubereitet. Das traditionelle japanische Frühstück mit Reis, Misosuppe, eingelegtem Gemüse und Fisch gibt es eher am Wochenende, wenn man genug Zeit für die Zubereitung hat. Vor allem Haruki freut sich dann immer, denn er liebt die eingelegten *umeboshi* (japanische Pflaumen) über alles.

Da kommt Kenji endlich nach Hause. Er sieht müde aus. Nach der Arbeit war er mit Ryū und ein paar anderen Kollegen in einem *izakaya* etwas trinken, und danach musste er noch mit der Bahn nach Hause fahren. Yukiko versteht das, schließlich weiß sie, dass auch die *nomunication* (zusammengesetzt aus *nomu*, »trinken«, und *communication*) ein wichtiger Bestandteil von Kenjis Arbeit ist. Trotzdem hat sie manchmal das Gefühl, dass sie sich kaum noch richtig sehen.

Am nächsten Morgen im Kindergarten hat Haruki schon wieder ganz vergessen, dass er Schattenfangen spielen wollte. Stattdessen sind er und Daiki auf dem Baum herumgeklettert, der draußen im Hof steht. Dann haben sie alle gemeinsam gesungen, und seine Kindergärtnerin hat dazu auf dem Klavier gespielt, das im Gruppenraum steht. Inzwischen haben alle Kinder gemeinsam die Tische zusammengeschoben und öffnen ihre *bentō*-Frühstücksdosen. Haruki freut sich, dass seine Mama die Reisbällchen mit *nori*-Blättern so verziert hat, dass sie wie niedliche Pandabären aussehen. Dazu gibt es frisches Gemüse – alles natürlich in mundgerechte Stücke geschnitten, denn Haruki und die anderen essen ja mit den Essstäbchen, die sie ebenfalls von zu Hause mitgebracht haben.

Yukiko ist wie jeden Morgen als Erste aufgestanden, um noch schnell Harukis Mittagessen frisch zuzubereiten. Sie freut sich schon darauf, dass sie das nicht mehr tun muss, sobald Haruki in der Grundschule ist, denn dort bekommen die Kinder ein warmes Mittagessen. Und alle helfen mit: Einige Schüler holen das frisch zubereitete Essen aus der Schulküche, verteilen es und sammeln später die Reste wieder ein. Dieser Dienst wechselt jeweils. Nach dem Essen helfen alle Schüler mit, den Boden des Klassenraums sauber zu wischen, denn gegessen wird in der Klasse. Sogar die Nahrungsmittelproduktion übernehmen manche Schulen zum Teil selbst – die Schüler säen zum Beispiel Kartoffeln aus und ernten sie dann später. Yukiko findet es gut, dass die Kinder auf diese Weise etwas über die Nahrungsmittel lernen, sodass sie das frisch zubereitete Essen auch eher zu schätzen wissen.

Superfood

Nicht nur Harukis *bentō* ist bemerkenswert gesund. Daiki hat außer Reis noch frische Sojabohnen und Rührei mitbekommen, das wie ein kleiner Hase geformt ist. Auch die anderen Kinder haben Reis und viel Gemüse in ihren Dosen. Süßigkeiten hat keiner dabei. Die gesunde japanische Ernährung wird häufig als Erklärung für die überdurchschnittlich hohe Lebenserwartung von Japanern herangezogen.

Zwar enthalten japanische Mahlzeiten heutzutage häufig Fisch und Fleisch, allerdings sah das früher jahrhundertelang ganz anders aus. Denn das Essen von Fleisch wurde unter Kaiser Temmu im 8. Jahrhundert verboten. Der Einfluss des Buddhismus, der aus China auf das Inselreich gekommen war, hatte zu dem Umdenken geführt, denn buddhistische Mönche ernähren sich traditionell vegetarisch. Die Entwicklung einer ganz eigenen vegetarischen Ernährungsweise war vor allem dadurch möglich, dass Japan mehrere Jahrhunderte lang nahezu vollständig von der Außenwelt abgeschlossen war und eine Politik des »geschlossenen Landes« betrieb.

Das änderte sich am 8. Juli 1853. An diesem Tag tauchen vier schwarz gestrichene Schiffe vor der Küste der Stadt Edo (des späteren Tōkyō) auf – dies ist der Anfang vom Ende des alten Japan. An Bord: der amerikanische Kommodore Matthew Calbraith Perry. Er hat die Mission, Japan ein Ultimatum zu stellen. Denn der Handel mit Japan ist bisher nur den Chinesen und Niederländern erlaubt, und auch nur unter strengen Beschränkungen. Das soll sich nun ändern. Da die Amerikaner über eine überlegene Waffentechnik verfügen, bleibt der japanischen Militärregierung, dem Shōgunat, nichts anderes übrig, als die amerikanischen Forderungen zu akzeptieren. Es kommt zu ungleichen Verträgen, die für die Amerikaner sehr viel günstiger sind als für die Japaner. Weitere Abkommen mit Großbritannien und Russland folgen – ebenfalls zuungunsten Japans. Die Militärregierung verliert zunehmend an Autorität, bis Yoshinobu Tokugawa 1867 schließlich als Shōgun abdanken muss. Die Ära der Tokugawas als Shōgune, die nach der Zeit der streitenden Reiche mit Ieyasu Tokugawa im Jahr 1603 begann, geht zu Ende. Mit dem Abdanken des Militärführers ist jedoch die Frage noch nicht vom Tisch, wer die Geschicke des nun für den Westen geöffneten Landes führen soll. Konservative und Reformisten einigen sich schließlich auf den jungen Kaiser Matsuhito (1852–1912), der nach dem schnellen Tod seines Vaters Komei als 14-Jähriger den Kaiserthron bestieg.

Nun, beinahe 16 Jahre alt, verlässt er den Palast in Kyôto, wo die Kaiserfamilie während der Feudalregierung im Exil lebte, und kommt als Herrscher in die Hauptstadt.

Die neue Regierung des jungen Kaisers, dem postum der Titel *Meiji* (»erleuchtete Herrschaft«) verliehen werden wird, setzt auf einen radikalen Modernisierungskurs, um den durch die Isolation entstandenen Abstand zum technisch deutlich weiter entwickelten westlichen Ausland aufzuholen. Moderne Waffen, Telegrafenleitungen oder die Eisenbahn – all diese Erfindungen kennt man in Japan noch nicht. Höchste Zeit, das Vergangene aufzuholen: Während der Meiji-Restauration wird das Land komplett umgekrempelt.

Um so viel fremdes Wissen wie möglich aufzusaugen, begibt sich 1871 ein großer Teil des Regierungskabinetts auf eine 20-monatige Reise um die Welt. Und die Regierungsmitglieder bringen einiges von ihrer Reise mit: unter anderem Getränke wie Bier, Wein, Whisky oder Kaffee, Brot und das Verfahren der Herstellung von Eis. Und auch das Verbot des Fleischkonsums wird wieder aufgehoben. Als Kaiser Meiji am 24. Januar 1873 öffentlich ein mit Rindfleisch zubereitetes Gericht verzehrt, stürzt sich auch die Bevölkerung mit Begeisterung auf die Veränderung im Speiseplan.

Heute hat die japanische Küche viele Einflüsse aus anderen Ländern aufgenommen und sozusagen japanisiert. Typisch japanische Gerichte wie Ramen, Tempura oder Curryreis entstanden aus Adaptionen von Gerichten aus aller Welt.

Aber noch ist es nicht so weit, die Aufnahmeprüfung steht ja noch bevor. Schon im Mai haben Kenji und Yukiko erste Schulen angesehen und sind immer wieder zu vorgeschriebenen Anmeldeterminen erschienen. Gar nicht immer einfach, wenn beide arbeiten, aber natürlich hat Harukis Ausbildung Priorität. Für die Aufnahme an der Wunschgrundschule muss er zuerst einen schriftlichen Test absolvieren, danach folgt ein Einzelgespräch mit den Lehrern. Auf dieses Gespräch bereitet ihn ein Nachhilfelehrer vor und übt mit ihm die richtigen Antworten. Danach noch spielen in einer Gruppe mit anderen Kindern, basteln und Sport – die Schulen achten neben den intellektuellen Fähigkeiten auch auf die soziale und motorische Entwicklung der Kinder. Yukiko hofft nur, dass der kleine Haruki nicht ausgerechnet während der Aufnahmeprüfung verträumt aus dem Fenster schaut. Aber wenn alles gut geht, kann Haruki dann ab April auf die Schule gehen. Von den Verwandten wird es dann viele Geldgeschenke geben, ansonsten wird er praktische Dinge bekommen: einen Schulranzen, Schreibzeug und natürlich ein Handy. Schließlich wird Haruki im Berufsverkehr ganz alleine mit der Bahn zur Schule fahren, da sollte er im Notfall erreichbar sein.

Aber Haruki ist nicht der Einzige, dem Prüfungen bevorstehen. Auch Yukiko und Kenji müssen ein Gespräch mit der Schulleitung hinter sich bringen. Für die Kinder gibt es eine Kleiderordnung für diese Gespräche und Prüfungen – Harukis dunkler Anzug hängt schon bereit –, aber auch von den Eltern wird erwartet, dass sie in gedeckten Farben und konservativer Kleidung erscheinen. Yukiko hat sich extra ein neues, hochgeschlossenes Kostüm gekauft – sicher ist sicher.

Als Yukiko später Haruki vom Kindergarten abholt, trifft sie Naoko, die auch gerade gekommen ist, um Daiki abzuholen. Die beiden reden eine Weile miteinander, während die Kinder noch herumalbern. Yukiko hat Naoko über den Kindergarten kennengelernt, denn ihre Söhne Haruki und Daiki sind seit ihrem ersten Tag im Kindergarten beste Freunde. Naoko erzählt Yukiko nun begeistert, dass sie gerade von einem Vorstellungsgespräch kommt. Yukiko freut sich ganz besonders darüber, denn sie weiß, dass Naoko gerne wieder arbeiten möchte. Etwa vor einem halben Jahr hat Naoko ihr von der belastenden Zeit erzählt, als sie mit Daiki schwanger war und ein Opfer von *matahara* (Zusammensetzung aus den englischen Begriffen *maternity* und *harassment*) wurde. Von ihrem Arbeitgeber und auch ihren Kollegen wurde ihr mehr oder weniger subtil klargemacht, dass sie als junge Mutter doch besser kündigen und zu Hause bleiben sollte. Natürlich gibt es Gesetze gegen die Diskriminierung von Schwangeren am Arbeitsplatz, aber nicht immer halten sich alle daran. Irgendwann wurde es Naoko zu viel, und sie wollte sich nicht zusätzlich den Stress aufhalsen, ihren Arbeitgeber zu verklagen. Und so ganz unrecht war es Naokos Mann auch nicht, dass seine Frau nun zu Hause blieb. Schließlich ist das das traditionelle japanische Familienmodell: der Mann arbeitet bis spätabends, die Frau kümmert sich um die Kinder.

So ganz stimmt das übrigens nicht, aber das ist weder Naoko noch ihrem Mann bewusst. Denn das moderne Familienverständnis, nach dem eine Familie aus Vater, Mutter und Kindern besteht – und vielleicht noch den Großeltern –, hat Japan erst im 19. Jahrhundert übernommen – übrigens von den Preußen. Vorher gab es diese Form der Familie nicht in Japan. In der Heian-Zeit (794–1185) war die übliche Familienform *uji,* eine Art Clan. Hier galt es, viele Söhne und Töchter zu bekommen und diese günstig zu verheiraten, um den eigenen Einfluss zu sichern – also ein bisschen wie früher im europäischen Adel. Mann und Frau lebten in der Regel bei seiner oder ihrer Familie, manchmal nicht einmal zusammen. Mit dem Beginn der Samurai-Ära (1185–1333) dann wurde das ie-System eingeführt – mit einem starken Patriarchen an der Spitze. Sobald die Frauen heirateten, zogen sie an den Hof ihres Mannes. Wenn ihr Mann nicht der älteste Sohn im Haus war, musste er seinen ältesten Bruder vor der Hochzeit um Erlaubnis fragen, denn seine zukünftige Frau würde ja Teil der Familie werden. Im Rahmen der Meiji-Restauration wurde dann das moderne Familienbild nach Japan gebracht, dieses setzte sich nach dem Zweiten Weltkrieg durch.

Aber Naoko und Yukiko haben jetzt anderes zu tun, als über japanische Geschichte nachzudenken. Daiki hat gleich noch Karateunterricht, und Yukiko will noch das Abendessen zubereiten, da Kenji versprochen hat, heute früher nach Hause zu kommen. Als Naoko und Yukiko sich gerade voneinander verabschiedet haben, sehen sie die kleine Neko mit ihrer Mutter vorbeigehen. Yukiko schaut den beiden nach. Neko ist ein schlaues Mädchen, aber sie wird bestimmt nicht auf eine Privatschule gehen. Ihre Mutter ist alleinerziehend und hat daher nicht die nötigen finanziellen Möglichkeiten. Jedes zweite Kind, das in Japan von nur einem Elternteil großgezogen wird, ist arm – die staatlichen Hilfen sind sehr gering; häufig nehmen die Betroffenen auch keine weiteren Hilfen in Anspruch, da sie sich selber die Schuld an ihrer Armut geben. Später wird Nekos Mutter ihr keinen Extranachhilfeunterricht bezahlen können und sie vielleicht auch nicht im selben Maß bei den Hausaufgaben unterstützen können wie eine Mutter, die nur halbtags oder gar nicht arbeitet. Es kann gut sein, dass Nekos Noten dann hinter denen ihrer Klassenkameraden zurückbleiben.

Da Yukiko weiß, dass Kinder mit nur einem Elternteil im Kindergarten oder in der Schule häufig ausgegrenzt werden, hat sie Haruki ein paarmal nach Neko gefragt. Aber anscheinend wird sie von den Kindern ihrer Kindergartengruppe akzeptiert und gehört dazu. Yukiko hofft sehr, dass das in der Grundschule so bleibt.

Auf dem Weg nach Hause schauen sie noch kurz beim Tempel vorbei. Yukiko kennt das schon: Haruki liebt das Tempelgelände. Zu gerne wäscht er seine Hände mit dem Wasser, das aus dem Maul eines Drachen herausläuft. Erst die linke Hand, dann die rechte, dann den Mund, zum Schluss noch mal die linke Hand. Danach steckt er ein brennendes Räucherstäbchen als Opfer für die Götter sorgfältig in die mit Sand gefüllte Schale. Aber am liebsten schaut er sich die *jizo*-Figuren an. Die kleinen Steinfiguren, die aussehen wie Mönche, sehen mit ihren kahl geschorenen Köpfen, den geschlossenen Augen und dem leichten Lächeln auf ihren Lippen so friedlich aus. Manchmal stehen über hundert von ihnen beieinander. In Harukis Lieblingstempel hat man einigen von ihnen rote, gehäkelte Mützchen aufgesetzt oder Lätzchen umgehängt. Yukiko hat Haruki erzählt, dass die *jizo* zum Schutz der Kinder da sind. Zum Beispiel helfen sie verstorbenen Kindern dabei, in eine andere Welt zu gelangen. Die Seelen dieser sogenannten »Wasserkinder« müssen in der Unterwelt den mythologischen Fluss Sanzu überschreiten, damit sie nicht für immer in der Zwischenwelt bleiben müssen. Beim Überqueren dieses Flusses helfen ihnen die *jizo*. Damit die Kinder auch erkennen, setzen die Eltern der Kinder ihnen die gestrickten Mützen auf oder hängen ihnen die Lätzchen um. Auf diese Weise sollen die *jizo* den Geruch der Kinder wiedererkennen. Ist das Rot des Mützchens verblasst, ist die Seele des Kindes gut über den Fluss gekommen.

Die *jizo* sind auch zuständig für die abgetriebenen Kinder. Da haben sie einiges zu tun, denn jedes Jahr werden in Japan rund 500.000 Abtreibungen vorgenommen – in Deutschland sind es etwa 100.000. Etwa ein Viertel aller verheirateten Japanerinnen hat schon mindestens eine hinter sich. Die meisten Japaner verhüten mit Kondomen (circa 70 Prozent), die zweitbeliebteste Methode (praktiziert von 28 Prozent) ist allerdings der Coitus interruptus – nicht unbedingt bekannt als der sicherste Schutz vor einer ungewollten Schwangerschaft. Nur etwa drei Prozent der Japanerinnen verhüten mit der Antibabypille – in Deutschland ist der Anteil mit 52 Prozent um einiges höher. Die Pille wurde in Japan einerseits erst spät zugelassen – im Jahr 1999, ein Jahr nach Viagra –, andererseits hat sie dort einen deutlich schlechteren Ruf als hierzulande. Nebenwirkungen wie eine mögliche Gewichtszunahme und die Veränderung des Hormonhaushalts spielen da zum Beispiel eine Rolle.

Aber davon weiß Haruki noch nichts. Er freut sich einfach über die Statuen mit ihren hübschen roten Mützchen. Als er an der Hand seiner Mutter den Tempel verlässt, winkt er ihnen zum Abschied noch einmal zu.

INTERNATIONALE BEZIEHUNGEN

VON HĀFUS, GESELLIGEN BUCH-LÄDEN UND AUTOMATISIERTEN SUPERMÄRKTEN

Bücher sind tot, und Lesen ist eine eher ungesellige Beschäf-tigung? Nicht unbedingt. Im hippen Hostel »Book and Bed« in verschiedenen Stadtteilen Tōkyōs und in anderen Städten wie Kyōto und Fukuoka zum Beispiel kann man buchstäblich zwischen Büchern nächtigen – allzu viel Privatsphäre hat man dort allerdings nicht, denn das Hostel wartet mit Schlafkojen und Raumtrennung durch Vorhänge auf. Spannend sind auch die angesagten Beer-&-Book-Clubs wie etwa Mori no Tosho Shitsu in Shibuya, deren Existenz wahrscheinlich auf einem Alliterations-Brainstorming zum Thema »Book« beruht. Denn wer denkt schon, dass Bücher und Bier thematisch gut zusammenpassen – Wein vielleicht, aber Bier?!

Saki denkt so. Sie mag sowohl Bier als auch Bücher. Und so weiß sie, dass die Leute, die hier im Club entspannen, zumin-dest schon einmal zwei Interessen mit ihr teilen. Eine gute

Gelegenheit, nach der Trennung von Ryū mal wieder unter Menschen zu kommen. Nachdem es mit dem Kinderkriegen einfach nicht geklappt hatte, ging Ryū immer häufiger abends mit Kollegen aus, und sie sahen sich kaum noch. Auch wenn er es ihr nie gesagt hat, ist Saki davon überzeugt, dass er ihr insgeheim Vorwürfe macht, weil sie nicht schwanger werden konnte. Dabei ist sie drei Jahre lang zum *ninkatsu*-Yoga gegangen – ohne Erfolg. Auf den Rat einer Hebamme hin hatte sie sogar auf Mehlprodukte verzichtet und *kampo* (Medikamente aus Kräuter- und Tierextrakten, die die Fruchtbarkeit erhöhen sollen) eingenommen. Aber irgendwann hatte sie genug davon – und auch davon, dass Ryūs Eltern immer wieder fragten, wann denn endlich ein Enkelkind auf dem Weg sei.

Inzwischen sind Saki und Ryū geschieden – genau wie dieser Tage etwa jede dritte japanische Ehe mit einer Scheidung endet. Seit den 1970er-Jahren haben sich die Scheidungsraten mehr als verdoppelt, und das, was früher eher in Einzelfällen – zum Beispiel mit dem Beginn der Rente des Mannes – geschah, als man erstmals seit Jahrzehnten Zeit miteinander verbrachte, ist mehr und mehr zur Normalität geworden. Saki und Ryū haben zwar keine Scheidungsparty gefeiert, wie es manche Paare tun, um die Ehe auf positive Weise mit einem Ritual abzuschließen. Aber dennoch sind sie als Freunde auseinandergegangen, und Saki fühlt sich inzwischen richtig erleichtert und bereit, ein neues Leben anzufangen.

Gerade hat sie sich Sellerie an gekochtem Rindfleisch und einen Dog's Nose kommen lassen, einen Cocktail aus Bier und Gin. »Schmeckt interessant«, denkt sie und verbucht das Experiment als Erfahrung. Sie beschließt, als Nächstes dann doch lieber den altbekannten Shandy Gaff zu bestellen, bei dem das hopfige Bier gut mit der Ingwerwürze des beigemischten Gingerale harmoniert. Saki betrachtet das Cover des Buchs, das sie gleich nach dem kleinen Imbiss anlesen möchte: *Totto-chan* von TV-Star Tetsuko Kuroyanagi. Das Buch war lange auf Platz eins der Verkaufscharts, und auch ihre Freundin Yukiko hat es ihr mit großer Begeisterung empfohlen. Jetzt scheint die Gelegenheit günstig, etwas über die Kindheit der Autorin und ihre Schulzeit nach dem Zweiten Weltkrieg zu erfahren. Immerhin soll ihre Schule kein normales Gebäude, sondern ein ausrangierter Zug gewesen sein. Spannend ...

Bier in Japan – eine klassische Liebesgeschichte mit Happy End

Gepanschtes wie ein Dog's Nose ist auch im Land der aufgehenden Sonne nicht jedermanns Sache. Doch stellt man die Frage, welches alkoholische Getränk auf den japanischen Inseln am häufigsten die Kehlen herunterläuft, lautet die Antwort: Bier. Japan ist der siebtgrößte Bierproduzent weltweit, und das Meiste, was hier die Brauereien verlässt, wird auch innerhalb des Landes konsumiert. Im Jahr 2016 betrug der Pro-Kopf-Verbrauch 41,4 Liter (in Deutschland waren es 104,2 Liter). Wie auch in vielen anderen Ländern sinkt der Verbrauch allerdings von Jahr zu Jahr. Das kann daran liegen, dass die Bierpreise in den letzten Jahren durch neue Besteuerungen und das Verbot von Rabattierungen spürbar angestiegen sind. Zuvor hatten die fünf großen Brauereien Kirin, Asahi, Sapporo, Suntory und Orion die Preise noch flexibler gestalten können, indem sie mit Massenabnehmern wie

Supermarktketten individuelle Rabatte für ihre Hopfen- und Malzgetränke aushandelten – die dann teilweise an die Endkunden weitergegeben werden konnten. Auch der Boom der Mikrobrauereien, von denen es in Nippon rund 300 geben soll, hat es den »Big Five« schwer gemacht. Das Craft Beer der kleinen Anbieter ist für die japanischen Bierliebhaber eine willkommene Abwechslung zum Industriebier-Einerlei.

Waren die Manufakturbiere zunächst nur in spezialisierten Craft-Beer-Läden, im Onlinevertrieb oder gut sortierten Liquor Stores zu haben, drängen erfolgreiche Kleinbrauereien wie Echigo Beer, Hitachino Nest, Ginga Kogen, Yo-Ho oder Baeren Bier (ja, deren Name klingt nicht nur irgendwie deutsch – die Bären-Macher aus Morioka haben sich auf Bier deutscher Machart spezialisiert) nun auch in Supermärkte und Convenient Stores. Die derzeit erfolgreichste unabhängige Brauerei ist das 1998 auf Hokkaidō gegründete Unternehmen Abashiri Beer. Im Jahr 2018 konnte der Produzent seinen Absatz um satte 45,6 Prozent steigern. Der Abashiri-Tophit Ryuho Draft sorgte nicht nur im Heimatmarkt für Furore, sondern entwickelte sich auch zu einem Exportschlager. Dass das Bier auch in Europa Erfolg haben könnte, erscheint im Hinblick auf seine Optik indes fraglich: Das Getränk ist von milchig hellblauer Farbe. Zu den Zutaten, die für dieses blaue Wunder verantwortlich sein sollen, gehören Schmelzwasser von Eisbergen im Ochotskischen Meer sowie natürliche Farbpigmente der Gardenie, auch Knopflochblume genannt.

Dass Craft-Biere längst keine Nischenerscheinung mehr sind, zeigen auch Kooperationen der Brauereien mit bekannten Gestaltern und Künstlern, die den Etiketten neuer oder bekannter Bierkreationen noch mehr Charakter einhauchen sollen. Hierzu gehört auch die im Herbst 2018 erschienene, limitierte Totoro Edition von Echigo Pils, dem die beiden Gründer des Animationsfilmstudios Ghibli ein stilsicheres Verpackungsdesign verpassten. Das Etikett ziert die Kalligrafie des Schriftzeichens, das man *yu* oder *asobu* lesen kann und das für »spielen« und »Spaß haben« steht. Das Kanji wurde von Toshio Suzuki geschrieben, sein Kompagnon Hayao Miyazaki steuerte eine Zeichnung der wohl bekanntesten Ghibli-Figur Totoro bei.

Natürlich wollen die großen Fünf dem Verlust von Marktanteilen und Absatz nicht tatenlos zusehen und haben daher nun eigene Biere mit typischem Craft-Beer-Erscheinungsbild und in Vergessenheit geratenen Brautraditionen wie Märzen und Bock aufgelegt. Während sich manche echten Crafter Sorgen wegen der Markteinmischung der Konzerne machen, bedanken sich andere für den begleitenden Marketingeinsatz, der auch das allgemeine Interesse an wirklich handgemachten Bieren befeuert. Produzenten wie auch Konsumenten freuen sich indes auf das Jahr 2020. Für das Jahr der Olympischen Sommerspiele in der Landeshauptstadt wurde seitens der Regierung eine Senkung der Biersteuer angekündigt.

Als Saki gerade den letzten Bissen des etwas zähen Rindfleischs heruntergeschluckt hat, bleibt ihr Blick nicht etwa am gezeichneten Cover des Buchs hängen, sondern an einem Mann, der sich mit einem *Evangelion*-Comic und einem Bier-Slushie auf einem Sofa in ihrer Nähe niedergelassen hat. Wer hätte gedacht, dass Frozen Beer so populär werden würde? Gut, unter der softeisähnlichen Schaumdecke blieb das Bier selbst im schwülen japanischen Sommer lange Zeit schön kühl. Aber doof sieht es trotzdem aus.

Ganz anders als der Comicfan, der nun wieder mit seinen langen schlanken Fingern nach dem Bierglas greift. Kein Ehering. Überhaupt kein Ring, also auch nicht verlobt. So weit schon mal gut. Seine Haut ist so dunkel wie die von Menschen, die viel im Freien arbeiten. Vielleicht ist er ein Bauarbeiter? Ein Förster oder ein Bootsbauer? Nein, dafür sind seine Finger zu fein. Er macht bestimmt nichts Handwerkliches. Vielleicht ist er ja ein *mangaka,* ein Comicautor, der sich Inspiration von den Riesenkampfrobotern und den gewaltigen Monstern aus *Neon Genesis Evangelion* holen will? Als ihr Blick langsam an ihm hochgleitet, bemerkt sie seinen lächelnden Mund und seine großen Augen. O je, er hat bemerkt, dass sie ihn mustert, und schaut sie direkt an. Oder meint er jemand anderen? Saki schaut sich um. Hinter ihr steht nur ein Mädel mit lila Barett, lila-grün gestreiftem Shirt mit lila Rüschenärmeln sowie hellblauem Minirock und farblich passenden Plateausneakern. Um die Augenregion ein Hauch von Rouge, wodurch die Trendbewusste so aussieht, als habe sie bei einem Thekenkampf einiges einstecken müssen. Aber sie schaut in eine komplett andere Richtung. Als Saki ihren Blick wieder nach vorne richtet, sieht sie auf das weiße Hemd mit lustigen blauen, roten und gelben Punkten des vermeintlichen *mangaka,* der inzwischen direkt vor ihr steht. »Darf ich mich zu dir setzen?«, fragt er in korrektem, aber mit Akzent gefärbtem Japanisch. »Also, äh ...«, stammelt Saki und fährt unwillkürlich mit der Hand durch ihre blond gefärbten Haare. »Ja, okay.«

»Danke«, antwortet der vermeintliche supererfolgreiche Comickünstler: »Mein Name ist Matthew Miyazawa. Schön, dich kennenzulernen.« »Mesjū«, wiederholt sie versehentlich laut und überlegt dabei, ob das so etwas wie ein Spitzname ist. »Ja, auf dem Namen hat meine Mutter bestanden. Sie war damals als Rucksacktouristin hier in Japan, als sie meinen Vater kennengelernt hat.« »Du bist also ein ...« »Ein *hāfu*. Oder *daburu* – je nach Sichtweise.« »Deshalb auch dein leichter Akzent?« »Genau. Als meine Mutter mitbekommen hat, dass mein Vater ständig fremdging, hat sie die Scheidung eingereicht und ist mit mir nach Leeds zurückgezogen. Da war ich vier oder fünf Jahre alt.« »Dafür sprichst du aber sehr gut Japanisch, oder?« Matthew lehnt sich zurück und lacht ein herzliches Lachen, bei dem ihm ein paar Strähnen seiner mittellangen schwarzen Haare ins Gesicht rutschen. Saki ärgert sich darüber, offensichtlich etwas Dummes gesagt zu haben. »Nein, ich bin mit 15 Jahren nach Japan zurückgekommen und wollte bei meinem Vater wohnen. Das erschien mir reizvoller, als wie meine Mutter als Verkäufer in einem der zahlreichen Einkaufszentren von Leeds zu enden.« Er nimmt einen Schluck von seinem Bier mit Eisschaum: »Na ja, hat nicht ganz geklappt. Jetzt arbeite ich bei Isetan.« Also doch kein *mangaka*. In Gedanken zerreißt Saki das im Mangastil gezeichnete Bild von Matthew.

»Das ist nicht schlimm. Ich kaufe gerne da ein«, antwortet sie. »Du bist also als Teenager wieder nach Japan zurückgekommen? Wie war das? Ach so, entschuldige, ich bin übrigens

Saki Terajima.« »Freut mich, Saki«, versichert Matthew mit einer angedeuteten Verbeugung. »Und ja, da war ich dann in Japan. Ich sprach damals wegen meines Vaters und anderer Verwandter, wegen der Vorschule und meiner Freunde natürlich Japanisch wie jeder andere hier. Das meiste habe ich dann aber über die Jahre vergessen. In meiner Schule in England gab es zwar andere Asiaten, aber keinen einzigen Japaner, mit dem ich hätte sprechen können. Das erste Jahr zurück in Beppu war hart. Und das nicht nur, weil die Stadt meiner Meinung nach außer Thermalquellen und seiner immer mehr verrostenden, abgespeckten Version des Tōkyō Tower für junge Leute nicht viel zu bieten hat.«

»Warum dann?« fragt sie, bevor sie an ihrem herben Biercocktail nippt. »Na ja, ich bin in meiner neuen Schule nicht unbedingt mit offenen Armen empfangen worden. Ein *hāfu,* der nicht besonders gut Japanisch spricht und dazu auch noch größer ist und irgendwie anders aussieht, ist jemand, der auffällt. Ich bin oft geärgert, verprügelt und ausgeschlossen worden. Heute würde man es wohl Mobbing nennen. Den Lehrern schien das egal zu sein, die haben weggehört und weggesehen.« »Das ist ja schrecklich.« »Ja, besonders in der Pubertät, wenn man sich sowieso schon komisch fühlt. Auch später, als ich schon sehr viel besser Japanisch sprach, hielt das noch an. Da habe ich mich gefragt: Was soll das? Mein Vater und seine Vorfahren sind Japaner. Ich habe einen japanischen Pass und soll trotzdem kein Japaner sein? In England ging es mir ähnlich. Für die war ich dann der Japaner, obwohl ich fließend Englisch spreche. Was das angeht, passt die Bezeichnung *hāfu:* Man fühlt sich oft, als sei man nicht vollständig. Einige Jahre nach meiner Rückkehr habe ich auch andere kennengelernt, die ebenfalls gemischte Elternteile haben. Erst da habe ich mich mit meinen Problemen zum ersten Mal verstanden gefühlt. Fast jeder von denen ist diskriminiert worden, selbst wenn man ihnen das Anderssein weder an der Sprache noch am Äußeren wirklich anmerkte. Einer von denen hat mir erzählt, dass wir nicht »Halbe« heißen sollten, sondern durch unsere besonderen Startbedingungen doppelt gesegnet sind. Mit dem Besten aus zwei Welten. Daher *daburu*. Finde ich persönlich passender als *hāfu*.« »Aber *hāfus* sehen doch toll aus und sind klasse!«, wirft Saki ein. »Vielen Dank für das Kompliment«, entgegnet Matthew. »Ich weiß auch, dass der Ausdruck meistens positiv gemeint ist. Aber man kann ihn auch als diskriminierend empfinden – mal ganz davon abgesehen, dass damit so unglaublich viele Menschen gleichgemacht werden, die sich optisch und charakterlich voneinander unterscheiden. Das reduziert uns auf das Etikett *hāfu* und blendet alles andere aus, was eine Persönlichkeit ausmacht.«

An Sakis Gesichtsausdruck erkennt er, dass einmal mehr der Engländer in ihm mit ihm durchgegangen ist. Hätte er ohne Unterbrechung in Japan gelebt, hätte er seine Gesprächspartnerin, die er erst vor ein paar Minuten kennengelernt hat, bestimmt nicht mit einer so direkten Aussage vor den Kopf gestoßen. »Entschuldige bitte, aber ich wollte eigentlich nur sagen, dass es mir unangenehm ist, darauf reduziert zu werden, dass ich nur ein 50-Prozent-Japaner sein soll. Tut mir leid, dass ich so wenig feinfühlig reagiert habe.« Saki nickt und lächelt wieder: »Ja, kein Problem. Ich hätte es ja auch nicht sagen müssen.«

Auch wenn Models, Schauspieler, Musiker und andere Showtalente mit einem japanischen und einem ausländischen Elternteil in den japanischen Medien mittlerweile allgegenwärtig sind, ist Matthew nicht der einzige sogenannte Halbjapaner, der gegen Vorurteile und Mobbing anzukämpfen hat. Das Problem liegt dabei im gesellschaftlich-kulturellen Basiskonzept *uchi-soto* begründet. Damit unterscheiden Japaner zwischen »drinnen« und »draußen«: ob man Teil einer bestimmten Gruppe ist oder eben nicht. Zur Innengruppe, zum Beispiel der eigenen Abteilung im Unternehmen, hat man eine besonders enge, beinahe schon demütige Beziehung. Während so jeder in Innen- und Außengruppen eingeordnet wird, ist dieses Geflecht naturgemäß dynamisch Denn auch wenn ein Kollege sich nicht innerhalb der Innengruppe der eigenen Abteilung befindet, kann er dennoch innerhalb desselben Unternehmens arbeiten (und befindet sich dann zumindest in Abgrenzung zu anderen Unternehmen im Innenkreis). So verändern sich *uchi-soto*-Bezüge sowohl mit der Zeit als auch mit dem Kontext. Die engste innere Einheit ist natürlich die eigene Familie. Abgesehen von der Art und Weise, wie man miteinander interagiert, lässt sich dieses Konstrukt auch an der Sprache ablesen. Diese kennt verschiedene Höflichkeitslevel, die je nach *uchi-soto*-Status des Gegenübers angewandt werden. Entsprechend interagiert man mit Außengruppen höflich-respektvoll, während man sich demütig-bescheiden gibt, wenn es um einen selbst und die jeweilige Innengruppe geht. Das hat dann sowohl auf die Wortwahl, aber auch auf die zu verwendenden Personalpronomen und die Konjugation der Verben Einfluss. Touristen und Migranten sind in Japan grundsätzlich immer »außerhalb«, also *soto*. In den *uchi*-Zirkel vollständig aufgenommen zu werden, ist für Menschen mit ausländischer Herkunft schwierig bis nahezu unmöglich.

Dieses Konzept wirkt sich auch auf Menschen mit ethnisch gemischter Herkunft aus. Bei diesen ist ein Elternteil *soto* – ein *gaijin*, Ausländer – und eben kein Japaner. *Hāfu* sind demnach sowohl *uchi* als auch *soto,* wie sehr sie sprachlich, genetisch, kulturell und optisch auch den anderen, monoethnischen Japanern gleichen mögen.

Aber all das kann sich ändern. Laut Zahlen, die das japanische Ministerium für Gesundheit, Arbeit und Sozialwesen veröffentlicht hat, hat zurzeit eines von 49 in Japan geborenen Babys einen nichtjapanischen Elternteil. 2015 wurde Ariana Miyamoto, die Tochter eines afroamerikanischen Seemanns und einer Japanerin, zur Miss Japan gewählt. Vielleicht wird das »Japanischsein« schon bald nicht mehr nach dem Genmaterial definiert, aus dem man zusammengesetzt ist.

Ein paar Stunden später, Matthew ist gerade auf der Toilette, textet Saki ihrer Freundin Yukiko: »Ich glaube, ich habe *ihn* kennengelernt.« Sekunden später kommt auch bereits die Antwort: »Premier Abe? ╱(・ × ・)╲« Saki verdreht die Augen und lässt wieder ihre Finger über den Touchscreen ihres Smartphones huschen: »Meinen neuen Traummann. Ist groß, sieht gut aus und ist liberal. Kein typischer Japaner ...« Sie sieht, wie Matthew bereits von der Toilette zurückkehrt, als das Mobiltelefon wieder leicht vibriert. Auf dem Display erscheint eine Reihe irgendwie unanständig aussehender Emojis und der Text: »Viel Spaß.«

Wenig später steigen Saki und Matthew im Bahnhof Shibuya in einen Zug der Fukutoshin-Linie der Tōkyō Metro. Zuvor haben sie sich noch ein paar Snacks und einen Sechser Bier in einem der wie Pilze aus dem Boden schießenden Convenience-Stores ohne Personal geholt. Nachdem es für die Betreiber immer schwieriger geworden war, geeignetes Ladenpersonal zu finden, hat man einen mutigen Schritt nach vorn gemacht und automatische Supermärkte eröffnet. In einigen Filialen der Lawson-Kette scannen Kunden selber mit ihrem

Smartphone die Waren, die sie kaufen möchten, und bezahlen mobil. Kameras überwachen das Geschehen im Laden. Kassenlose Minisupermärkte wie die, die seit 2018 auf verschiedenen stark frequentierten Bahnsteigen Tōkyōs errichtet wurden, machen es den Besuchern sogar noch einfacher. Haben die Kunden die kompakte Verkaufsbude einmal betreten, starten sie den Kaufprozess durch Auflegen ihrer SUICA/IC-Karten auf Stelen im Eingangsbereich der Miniläden. Viele Japaner besitzen diese Guthabenkarte sowieso schon für Bahnfahrten und nutzen sie auch zum bargeldlosen Zahlen an vielen Getränkeautomaten. Kameras erfassen nun, was sich die Kunden aus den Regalen greifen, und die Karten der Kunden werden automatisch belastet, wenn die Einkäufer den Kleinstladen verlassen. Auch eine Art der Problemlösung in Zeiten, in denen keine passenden Shopmitarbeiter gefunden werden können.

An der Haltestelle Shinjuku-sanchōme verlassen Saki und ihr neuer Bekannter den Zug und wechseln zum Bahnsteig der Toei-Shinjuku-Linie. Augenblicke später fährt ein rosafarbener Zug ein, der über und über mit Hello Kitty, dem Mützenhäschen My Melody und allerlei anderen zuckersüßen Motiven beklebt ist. Als sie einsteigen, überlegt Saki, ob sie den Aufkleber, der vor den rasant und fest schließenden automatischen Türen warnt, schnell mit ihrem Handy fotografieren soll. Auch er zeigt das niedliche Kätzchen und Blumenmotive. Warum die Bahn auf ihren zehn Waggons wohl so intensiv für eine der wohl bekanntesten japanischen *kawaii*-Ikonen wirbt? Vielleicht weil der Lizenzgeber Sanrio einen Vergnügungspark in Tama, an einer Haltestelle der Toei-Shinjuku-Linie, betreibt. Oder weil man bei den Olympischen Spielen den ausländischen Gästen auch etwas Vertrautes zeigen möchte, das Made in Japan ist – so ähnlich wie diese 2020-T-Shirts, die eine Zeitlang in Tōkyō so angesagt waren. Darauf sind weltweit bekannte Manga- und Anime-Superstars aus Serien wie *Astroboy, Naruto, Sailor Moon, Dragon Ball* oder *Yo-Kai Watch* zu sehen.

»Wo bist du mit deinen Gedanken?«, will Matthew von Saki wissen. »Äääähm, ich weiß nicht …« Am liebsten würde sie ihn jetzt küssen. Aber das macht man in Japan nicht. Kein Austausch von Zärtlichkeiten in der Öffentlichkeit – und dazu gehören auch Umarmungen, Händchenhalten und für viele auch verbale Zuneigungsbekundungen. Küssen gilt für traditionell Denkende sogar als Teil des Vorspiels und sollte daher zu Hause oder – wenn es ganz schnell gehen soll oder wenn man daheim auch keine richtige Privatsphäre hat – in einem Love Hotel stattfinden. Matthew ist da bestimmt lockerer. Aber Saki hat es nun mal so gelernt und hält sich daran, auch wenn es vielleicht konservativ ist. Und so, wie es gerade aussieht – sie betrachtet den vor sich hin plaudernden Matthew mit seinen fröhlichen Lachfältchen genau –, wird sie mit diesem *daburu* schon heute Nacht die nötige Privatsphäre finden, um das Ende des selbst gewählten Zölibats (*sekkusu shinai,* »kein Sex«) einzuleiten. Eine gute Idee, findet sie.

PORNOGRAFIE

VON SCHLÜPFRIGEN INNOVATIONS-
TREIBERN, FRÜHLINGSBILDERN UND
GEWALTIGEN GESCHLECHTSTEILEN

Was haben ein lüstern dreinblickender Riesenkalmar, eine unvollständig bekleidete Schönheit und ein nur durch seinen grotesk großen Penis als männlich zu erkennendes Wesen gemeinsam? Ryū, der mit leerem Blick auf den Bildschirm seines Notebooks starrt, hätte sofort eine Antwort parat: Natürlich haben alle drei etwas mit Pornografie zu tun. Wenn Sie bei dem Wörtchen »natürlich« die Stirn runzeln oder sich hingegen fragen, warum das für Ryū alltäglich ist, sind Sie hier genau richtig. Um zu klären, wo dieses typisch Japanische in der harten Erotik seinen Ursprung hat, ist es hilfreich, einen Blick in die Vergangenheit zu werfen – denn irgendwo muss es ja herkommen.

Erst einmal zurück zu Ryū. Der scrollt soeben mehr gelangweilt als erregt durch die Neuzugänge seiner Lieblingspornowebsite. Seit er von Saki getrennt ist, verbringt er so manchen Abend alleine vor seinem Computer. Aber irgendwie fühlt er sich noch nicht bereit dazu, sich mit anderen Frauen zu treffen. Während er also die Liste der Filmchen entlangscrollt, ist ihm nicht klar, dass vieles von dem, was ihm an erotischer Kost aus japanischer Produktion angeboten wird, im Hinblick auf seine besondere Ästhetik auf den Durchbruch des Mediums Buch vor ein paar Hundert Jahren zurückzuführen ist. Und wahrscheinlich ist es ihm in diesem eher privaten Moment auch ziemlich egal.

Die Freude der Menschen daran, sich »Schmuddelkram« anzusehen, beflügelt Technologien. Vor ein paar Jahren war es nackte Haut, die Millionen Menschen vor die Computerbildschirme zog und dem Medium Internet zum Durchbruch verhalf. Anderthalb Jahrzehnte zuvor hatte die Geschäftsleitung von Sony das Schicksal ihres technisch überlegenen Betamax-Videosystems dadurch besiegelt, dass man dem kommerziellen Bespielen der Kassetten mit Erotikinhalten nicht zustimmen wollte. Die Konkurrenten von JVC, die das System VHS entwickelt hatten, wollten den Produzenten hingegen nicht vorschreiben, mit welchen Inhalten die Videotapes bespielt sein sollten – und verhalfen dem System mit dieser Haltung zum Durchbruch. Erwachsene mussten nun ihre Schaulust nicht mehr in schmierigen Pornokinos oder mit »Fernfahrermagazinen« befriedigen, sondern konnten der Beschäftigung mit nackten Tatsachen – die sie sich diskret aus dem Erotikshop, dem Versandservice oder der Videothek besorgten – fortan bequem auf dem heimischen Sofa frönen.

Ryū scrollt schnell über einige *shibari*-Videos hinweg. Heute keine Fesselspiele. Aber jetzt schwebt sein Zeigefinger leicht zitternd in der Luft, während der Mauspfeil über einem Anime-Video verharrt, in dem es um eine schlanke Frau mit überdimensionalen Brüsten geht. Ja, dieses gezeichnete Mädchen sieht seiner Lieblingssängerin ähnlich genug.

Wie bereits angedeutet, hat der Buchdruck Einfluss auf den

speziellen Stil japanischer Erotikware gehabt. In ihm hatten verschiedene erotische und pornografische Stilrichtungen ihren Ursprung. Und ohne diese Erotikinhalte wäre das Medium Buch in Japan wohl auch nicht so ungemein populär geworden. Aber eins nach dem anderen. Die Epoche, mit der unsere kleine Kunst- und Kulturgeschichte beginnt, trägt den Namen einer Stadt, die genau an der Stelle stand, an der sich das heutige Tōkyō befindet. Die herrschende Familie Tokugawa hatte sich Edo als neuen Standort für ihre Regierung ausgesucht, fernab von den Intrigen und Machtrangeleien, die die alte Hauptstadt Heiankyō (heute Kyōto) so eng hatte werden lassen.

Hätte man eine Zeitmaschine zur Verfügung, so könnte die Edo-Periode ein recht attraktives Ziel sein. Die Zeiten, in denen sich machthungrige Clans gegenseitig auslöschten, waren vorbei. Das Shōgunat regierte das Land mit Umsicht und schuf einige raffinierte Regelsysteme, die Landfürsten kleinhielten und den Einflussbereich der Tokugawas sowie einen weitgehenden Frieden für mehr als zwei Jahrhunderte wirkungsvoll festigten. Christliche Missionare waren von der Regierung als mögliche Unruhestifter identifiziert worden, sodass man ihr Treiben im Land kategorisch verbot. Um auf Nummer sicher zu gehen, durften Schiffe aus dem Westen nur noch an wenigen Häfen anlegen, um dort – und nur dort – Handel zu treiben.

Wer sich nicht mit Krieg auseinandersetzen muss, hat Zeit für andere Dinge. So ist es kein Zufall, dass gerade die Edo-Zeit geprägt ist von gewaltigen kulturellen und technologischen Fortschritten – wie eben beim Buchdruck.

Die ersten überlieferten Druckerzeugnisse gab es in Japan schon im achten Jahrhundert, also lange bevor sich in

Deutschland ein gewisser Herr Johannes Gensfleisch, genannt Gutenberg, für seinen Bibeldruck auf die Schulter klopfen ließ. Die zuvor in Japan genutzte Druckvariante setzte, anders als die Mainzer Errungenschaft, auf Holz- oder Metallplatten, mit denen große Papierbögen bedruckt wurden. Der Großteil dessen, was, zumeist in Tempeln, reproduziert wurde, waren buddhistische Texte. Literatur zur Erbauung war nicht dabei, und die Zielgruppe war mangels entsprechender Bildung sehr klein. Und so verwundert es nicht, dass die Innovation zunächst nur gelegentlich bei Tempeldrucken und dann immer seltener zum Einsatz kam – bis sie nahezu in Vergessenheit geriet.

In der Edo-Zeit fiel die Vervielfältigungsidee allerdings auf neuen, weitaus fruchtbareren Boden. Hatten in den Jahrhunderten zuvor fast nur Angehörige des Hof- und Schwertadels Lesen und Schreiben gelernt, etablierten sich nun unter dem Tokugawa-Shōgunat Schulen für das einfache Volk. Die Idee, dass die Kenntnis des Lesens und Schreibens wirtschaftliche Vorteile bietet, setzte sich allmählich durch. Auch die Regierung war von dem Konzept begeistert, da ein alphabetisiertes Volk Gesetzen eher Folge leisten würde, wenn es diese selbst nachlesen konnte.

Auch wenn sie ihre Zeit wahrscheinlich kaum mit der Lektüre bürokratischer Wälzer zubrachte, entwickelte die städtische Bürgerschicht über die Jahre einen enormen Wissensdurst. Erste Wanderbibliotheken, in denen die Bürger Bücher ausleihen konnten, wurden bald von großen stationären Büchereien ergänzt. Nun bekam nahezu jeder Zugang zum nach wie vor teuren Medium Buch.

Die dafür notwendigen Druckpressen waren nahezu zeitgleich auf zwei Wegen importiert worden. Jesuiten hatten im

Jahr 1590 aus Portugal eine Druckpresse als Arbeitsunterstützung mitgebracht. Schließlich wollte man die christliche Lehre massenhaft unter die Leute bringen. Neben religiösen Texten legte man allerdings auch literarische Klassiker auf, wie die Fabeln von Äsop oder das in Japan sehr populäre *Heike Monogatari,* Stoff unzähliger Adaptionen der darstellenden Künste. Der andere Weg des Imports war der Koreafeldzug des wegen seiner plumpen Physiognomie häufig als »Affe« bezeichneten Shōguns Hideyoshi Toyotomi. Militärisch war dieser Invasionsversuch zwar eine Pleite, kulturhistorisch allerdings ein Segen für Japan: Der Feldherr hatte unter anderem eine Druckpresse in seiner Kriegsbeute.

Die Maschine wurde analysiert und mehrfach nachgebaut. Man könnte das als eine frühe Form des Reverse Engineering bezeichnen, für das Japan in den Zeiten der Wirtschaftswunderjahre nach dem Zweiten Weltkrieg berühmt (und berüchtigt) werden sollte. Tenno Go-Yōzei ließ sich chinesische Literaturklassiker nachdrucken, während der amtierende Shogun chinesische Werke zu Geschichte, Kriegsführung oder Staatsphilosophie auflegen ließ. Die Früchte der neuen Technologie wurden allerdings anfangs noch nicht mit dem gemeinen Volk geteilt, sondern zunächst als Statussymbole im Dunstkreis der Regierungsmitglieder herumgereicht.

Das änderte sich schon bald. Mitte der 20er-Jahre des 17. Jahrhunderts stieg die Zahl der privaten Druckunternehmungen gewaltig an. Zum ersten Mal wurden nicht nur traditionelle Stücke und Kulturimporte gedruckt, sondern auch neue Stoffe eigens für eine Veröffentlichung entwickelt. Immer mehr Bücher entstanden, und die Auflagen stiegen in kurzer Zeit um ein Vielfaches an. In der Edo-Zeit wurde der Grundstein für Japan als Informationsgesellschaft gelegt.

Das freute zwar den neu entstandenen Berufsstand der Verleger, brachte aber auch Probleme mit sich. Die japanische Schriftsprache ist, bedingt durch ihre Zusammensetzung aus chinesischen Zeichen *(kanji)* und japanischer Silbenschrift, nur leidlich für den Satz mit beweglichen Lettern geeignet. Zum einen werden sehr viele verschiedene Lettern benötigt, zum anderen ist bei einem Nachdruck der Neusatz sehr zeitaufwendig. So entschied man sich für die Rückkehr zum traditionellen Blockdruckverfahren, das gegenüber dem westlichen Druckverfahren einige Vorteile hatte. Der wichtigste Vorteil – und hiermit kommen wir wieder auf den übersättigten Pornografiekonsumenten Ryū zurück, der ein paar Jahrhunderte später im Schein seines Notebooks den Stress seines Joballtags zu vergessen versucht –: Text und Illustrationen ließen sich in einem Arbeitsgang desselben Verfahrens herstellen und so beliebig kombinieren. Mit Illustrationen konnte ein zusätzlicher Leseanreiz geschaffen werden.

Ryū sackt müde in sich zusammen. Benommen richtet er sich wieder auf. Hat er unserer Ausführung etwa zugehört, weil ihn am Anfang das Stichwort »Pornografie« aus seiner After-Work-Lethargie gerissen hat? Aufgepasst, jetzt wird's spannend.

Die Darstellung nackter Tatsachen war auch im Japan der Edo-Zeit nichts komplett Neues, man kannte sie zuvor schon aus in Handarbeit hergestellten Skizzen, die die Leute untereinander weiterreichten. Frühe Nacktbilder waren indes gar nicht als erotisches Anschauungsmaterial gedacht, sondern kopierten nur anatomische Skizzen der chinesischen Medizin. Aber zurück zu dem entscheidenden Vorteil des Plattendrucks, Text und Bild beliebig miteinander kombinieren zu können. Von diesem profitierte besonders die Literatur mit erotischem Inhalt und anschaulichem Bildwerk, die sogenannten *shunpon*. Dieses Genre war zwar eigentlich gesetzlich verboten. Doch steckte man sehr wenig Energie in die Verfolgung von Verstößen gegen das entsprechende Gesetz aus dem Jahr 1722, sodass Verleger für die Kunden gerne das produzierten, was sie verlangten. Mehr noch: An den gefragten Büchern waren die besten Künstler, Drucktechniker und Holzschnittspezialisten ihrer Zeit beteiligt, die sich auch durch die schlüpfrigen Arbeiten einen Namen machten.

Für ein ästhetisch hochwertiges Ergebnis wurden feine Papiere und umfangreiche Farbpaletten genutzt, und die Druckmethoden wurden immer wieder verbessert. Nahezu alle technischen Innovationen im Bereich des japanischen Druckwesens sind auf die Produktion von erotischer Literatur mit reicher Bebilderung zurückzuführen. Das macht das – offiziell verbotene – Medium nicht nur ästhetisch und soziologisch interessant, sondern belegt abermals, dass Schaulust die Technik voranbringen kann.

Der bildliche Teil des Ganzen, die *shunga* (»Frühlingsbilder«), ebneten den Weg für weniger anrüchige *ukiyo-e*-Holzschnitte. Die Bilder zeigen hetero- und homosexuelle Paarungen in verschiedenen Spielarten wie auch lustvolle Zusammenkünfte von Menschen mit anderen biologischen Gattungen und Arten. Dem aufmerksamen westlichen Betrachter fallen bei diesen Darstellungen – oft mehrfarbig mit verschiedenen Druckplatten produziert – ein paar Details auf, die stark von der europäischen Darstellung von Nackten abweichen:

1. Die Nackten sind in der Regel gar nicht wirklich nackt.
2. Männer und Frauen sind kaum voneinander zu unterscheiden.

3. Männliche wie weibliche Genitalien werden oft unnatürlich groß gezeigt.
4. Am Sex können gerne auch andere Lebewesen, etwa ein gigantischer Oktopus oder ein gewaltiges Wildschwein, beteiligt sein.

Während Künstler in der europäischen Kulturgeschichte in religiösen wie auch profanen Gemälden mit der Darstellung von Nackten gerne das Blut des Betrachters in Wallung brachten, erzielte der unverstellte Blick auf Haut in Japan nicht die gleiche Wirkung. Zog man sich im Westen zur Reinigung ins Private zurück (oder vertraute in bestimmten Kreisen des Barock stattdessen auf Parfüm und Puder), war in Japan zu dieser Zeit die Nacktheit in geschlechtlich gemischten öffentlichen Badehäusern allgegenwärtig. Wer seit seiner Kindheit Textilfreiheit gewohnt ist, zieht hieraus nicht zwangsläufig sexuelle Spannung. Mit dem edozeitlichen Genre *jinbutsu gafu* gab es zwar Bücher, die sich auf skizzenhafte Art und Weise Badehausszenen widmeten. Doch stand hierbei eine Darstellung des Alltags im Vordergrund, sodass das erotische Potenzial hierbei ähnlich stark ausgeprägt war wie bei zeitgenössischen westlichen Bildern Darstellungen tennisspielender Adeliger.

Erotische Spannung bauen *shunga* also nicht durch großzügig zur Schau gestellte Nacktheit auf. Die sich vereinenden Paare bleiben zumeist fast komplett in Kimonos und andere Kleider gehüllt; ihre Körper sind oft nur an den für den Akt relevanten Stellen pragmatisch freigelegt.

Langes Haupthaar, zum Dutt hochgesteckt oder zu einem Zopf gebunden, keine Gesichts- und Körperbehaarung: Auf den ersten Blick ist es schwierig, auf den *shunga* das Geschlecht der agierenden Personen zu erkennen. Auch die körperlichen

Proportionen erschweren eine Unterscheidung. Typisch weibliche Rundungen sind schwer auszumachen; Brust, Beine und Rücken von Männern wie Frauen werden nahezu identisch gezeichnet. Dem Kunstwerk fehlt zudem die räumliche Tiefe, da auf Schraffierungen und Schatten weitestgehend verzichtet wird.

Stattdessen aber steckten Vertreter der *ukiyō-e*-Schule auffallend viel Sorgfalt in die Präsentation dessen, was ihre westlichen Kollegen lieber diskret ausblendeten oder nur im Schrumpfformat andeuteten: die Darstellung der Genitalien. Diese sind im japanischen Duktus detailversessen gezeichnet und nicht selten deutlich größer, als sie in der Realität zu finden sein dürften.

Den Anspruch, Körper möglichst fotorealistisch und anatomisch korrekt darzustellen, kennen *shunga* nicht. Als wesentlich spannender empfand man es, die Dynamik einer bestimmten Situation zu zeigen. So können sich beispielsweise die Zehen einer Frau in der Darstellung unnatürlich nach unten, aber auch nach oben rollen, um die Ekstase des Orgasmus zu illustrieren. Auch heute noch finden sich diese Extreme in erotischen Manga und Anime: Frauen haben Oberweiten, die ein normales Alltagsleben unmöglich machen würden. Große Augen transportieren wortlos ein emotionales Spektrum von Lust, Schmerz und Verzweiflung. Männer werden – wie auch schon in der Edo-Zeit – nicht selten als grobe Vergewaltigertypen mit gewaltigen Penissen dargestellt.

Während die Darstellung von Sex in Europa infolge des christlichen Einflusses mit Begriffen wie Sünde, Scham und Unreinheit aufgeladen war (und für manche Strenggläubige vielleicht auch heute noch ist), war japanische Erotik und Pornografie immer frei von einem solchen Stigma. So konnte sich im japanischen Angebot ungezügelt eine Vielfalt an Subgenres entwickeln, die international ihresgleichen sucht. Was auch Ryū freut, der endlich etwas nach seinem Geschmack gefunden hat ... Wir wünschen ihm viel Vergnügen.

ENDE UND NEUANFANG

VON POPULÄREN SELBSTMORD-ORTEN, UNENTDECKTEN LEICHEN UND BUDDHISTISCHEN RITUALEN

Haruki Watanabe schaut auf die weißen Laken des Kranken-hausbetts hinab. In diesem Bett liegt, beinahe genau so weiß wie die Bettwäsche, die ihn umhüllt, Hideo Watanabe. Sein Großvater sieht so anders aus. Viel kleiner. So schrecklich kraftlos und dünn. Eine Maschine steht neben ihm und in-formiert in grünen, hellblauen und weißen Zahlen über den aktuellen Stand von Puls, Sauerstoffsättigung und Atmung. Verschiedene Sinuswellen veranschaulichen die Regelmäßig-keit dieser drei Vitalwerte. Und dass es bei allen drei Anzeigen nicht ganz so läuft, wie es sollte, kann Haruki – inzwischen zwölf Jahre alt – auch ohne medizinische Ausbildung un-schwer erkennen.

Die Diagnose »Krebs im vierten Stadium« ist noch frisch, als sich Hideo Watanabe hinsetzt und, wie viele andere Menschen seiner Generation, seine sogenannten Abschlussnotizen (japanisch *endingu nōto*) verfasst. In sachlichem Stil hält er in einem schreiend gelben Notizheft mit Mangafiguren-Aufdruck für seine Nachwelt das fest, was ihm weiterzugeben wichtig ist. Wer in Japan seinen Letzten Willen verfassen will, kann auf eine breite Auswahl an eigens für diesen Zweck produzierten Notizblöcken verschiedener Hersteller zurückgreifen. In unterschiedlich designten Heften mit klangvollen Namen wie »I am who I am«, »Living and Ending« oder »Life Design Book« kann der Nachlass abschließend geregelt werden. Auch gibt es Büchlein, die mit ihren vorgefertigten Formularen und Freitextfeldern Schularbeitsheften ähneln und den Bedürfnissen von Schreibmuffeln gerecht werden. Wer sich nicht so sicher ist, womit er sein Heft befüllen soll, kann an Seminaren teilnehmen, wie sie zum Beispiel der Produzent der »Happy Ending Note«-Hefte kostenlos anbietet.

Hideo hat schon Ideen, was er alles in sein Heft schreiben möchte. Das sind nicht nur Informationen zu seinen Bankkonten und Versicherungen, sondern auch viele eigene Erlebnisse und alles über seine Vorfahren, woran er sich erinnern kann. Auch wer zu seiner Totenwache und Beerdigung eingeladen werden soll, wenn er unsere Welt verlassen hat, schreibt er genau auf. Als die Sonne langsam untergeht, kommt er zum Schluss: »Bitte entschuldigt, dass meine Notizen nun doch so lang geworden sind. Da ich von Tag zu Tag an meinen baldigen Tod erinnert werde, war es mir ein Anliegen, vom Leben zu schreiben. Am liebsten würde ich für immer mit euch zusammen sein und gemeinsam mit dir, Takako, die Reisen unternehmen, die wir immer geplant haben, aber leider niemals antreten konnten. Hätten wir nur etwas mehr Zeit gehabt, hätten wir zu den 88 Tempeln auf Shikoku pilgern können und es bei jedem Halt einfach nur genießen können, zusammen dort zu sein. Ich möchte noch so vieles. Ich möchte sehen, wie Haruki und die kleine Sayuri groß werden. Aber leider sind am Ende mehr Vorhaben als Tage übrig. Bitte entschuldigt.«

Wieder im Hier und Jetzt: Kenji sitzt am anderen Ende Tōkyōs in der Bahn. Eigentlich hätte er schon längst bei seinem Vater, seiner Mutter und seinem Sohn im Krankenhaus sein sollen. Der Expresszug der Sobu-Linie hat, von Chiba kommend, pünktlich den Bahnhof Shin-Koiwa erreicht und bereits wenige Augenblicke später den Arakawa in Richtung Tōkyō Hauptbahnhof überquert. Doch irgendwo zwischen den Haltestellen Bakurochō und Shin-Nihombashi ist der elektrische Zug der E217-Serie dann unerwartet stehen geblieben. Kenji schaut auf die Uhr: »Jetzt stehen wir schon seit mehr als zehn Minuten hier. Da ist sicherlich etwas passiert.« Er schaut auf die Tageszeitung seines Sitznachbarn. Oh, dieser traurige Fall von Masaki Kubo, den seine Nachbarn jetzt in dem Artikel als jemanden beschreiben, der immer sehr ruhig war. Das gilt wahrscheinlich für die letzten Monate umso mehr, da er seit Februar tot in seinem kleinen Apartment im obersten Stock des Flachdachgebäudes lag. »Furchtbar. Man stirbt, und niemand kriegt es mit«, denkt Kenji kopfschüttelnd und spürt, wie der Gedanke an diesen *kudokoshi* seine Kehle ein wenig enger schnürt. Allein die Tatsache, dass es einen eigenen Ausdruck für das unbemerkte Sterben in Einsamkeit gibt, zeigt, wie häufig das in den letzten Jahren geschehen ist. Wie das Leben zunehmend anonymer wird und Menschen unfreiwillig oder weil sie niemanden mehr sehen möchten, in Einsamkeit leben – und sterben.

Bei dem 59-jährigen Herrn Kubo war es einem Bericht nach, den Kenji auf einer Nachrichtenwebsite gelesen hat, wohl so, dass er immer sehr viel gearbeitet hatte. Neben der Arbeit war er wohl nicht großartig dazu gekommen, sich um Familie und Freundschaften zu kümmern. Als dann eines Tages unerwartet die Kündigung kam, stand er nicht nur ohne Job, sondern auch ohne soziale Kontakte außerhalb des Büros da. Bereits als Kind war er mit seinen Eltern in den Gebäudekomplex gezogen, in dem er später an Herzversagen sterben sollte. Damals hatte er viele Freunde gehabt, die über all die Studien- und Arbeitsjahre schleichend verschwanden – woher auch immer die Reporter des langatmig verfassten Artikels das wussten. Aber es ist leicht nachzuvollziehen, dass in diesem gewaltigen Komplex aus dutzenden identisch aussehenden Gebäuden nach seiner Fertigstellung in den 1960er-Jahren Hunderte Kinder gewohnt haben müssen. Diese Art von Wohnung mit Laubengang war damals begehrt: halbwegs zentral, ziemlich preisgünstig und mit Annehmlichkeiten wie Kühlschrank, Herd und Einbaumöbeln ausgestattet. Doch das ist lange her. Die Spielplätze in den Parks zwischen den Gebäuden sind irgendwann Parkplätzen gewichen. Sie werden heute genauso wenig genutzt wie die Spielgeräte, die zuvor an dieser Stelle verrosteten. Denn jetzt wird der Großteil der Wohnungen von alten Menschen bewohnt, von denen viele kein eigenes Auto mehr haben. Ist Herr Kubo an einem Infarkt oder einem angeborenen und nie diagnostizierten Herzfehler gestorben? Man kann es nicht mehr feststellen. Sein Tod war auch deshalb unbemerkt geblieben, weil Miete, Umlagen und alles andere automatisch von seinem Konto abgebucht wurde. Erst als eine der regelmäßigen Buchungen mangels Deckung fehlschlug, kam jemand auf die Idee, die Polizei bei Herrn Kubo vorbeizuschicken. »Vielleicht sollte ich auch wieder zur Zahlung per Rechnung wechseln?«, überlegt Kenji, als er von einer Lautsprecherdurchsage aus seinen düsteren Gedanken gerissen wird.

Kenji kann kaum verstehen, was der nuschelnde und sehr leise sprechende Fahrer nach der einleitenden Entschuldigung sagt. Aber wenn er richtig gehört hat, gab es einen schweren Personenschaden. Ein Team sei bereits unterwegs, und die Fahrt ginge schon bald weiter. »Schon zum zweiten Mal in dieser Woche. Was ist nur mit dieser Welt los?«, fragt sich Kenji und tippt eine kurze Nachricht an seine Verwandten: »Tut mir leid, ich komme etwas später. Selbstmord auf meiner Strecke.«

Lieblingsorte von Lebensmüden

Woran sterben die meisten männlichen Japaner im Alter zwischen 22 und 44 Jahren? Die Überschrift dieses Infoblocks nimmt die Antwort vorweg: es handelt sich nicht um die bei uns üblichen Verdächtigen Herz-Kreislauf-Erkrankungen und Krebs. Tatsächlich entschieden sich in Japan im Jahr 2017 statistisch betrachtet 24,9 von 100.000 Männern und 10,2 der gleichen Anzahl Frauen für einen vorzeitigen Tod. Zum Vergleich: In Deutschland nahmen sich 18,9 Männer und 6,4 Frauen von je 100.000 das Leben. Auch wenn die Selbstmordrate in Japan seit 2013 rückläufig ist und mit 20.431 Toten 2017 den niedrigsten Wert seit dem Beginn der Rezession erreichte, bleibt das Thema ein großes gesellschaftliches Problem. Der häufigste Grund für die Entscheidung, dem eigenen Leben ein Ende zu setzen, ist, nach einer Statistik der National Police Agency, der Verlust des Jobs (65,3 Prozent aller Suizide).

Anders als bei uns werden als Ort für die absichtlich herbeigeführte Beendigung des eigenen Lebens meist nicht die eigenen vier Wände gewählt. Die Lebensmüden zieht es in der Regel raus in die Natur, etwa an Zugstrecken – die vorher ausgezogenen und sorgfältig neben den Gleisen platzierten Schuhe liefern dann den eindeutigen Beweis dafür, dass die Todesursache kein Unfall war. Viele Stationen wurden mit Barrieren ausgestattet, um Selbstmord zu erschweren (und den unfreiwilligen Tod von Fahrgästen zu verhindern, von denen schon etliche schwer alkoholisiert oder im Gedränge der Rushhour bei der Einfahrt eines Zuges versehentlich auf die Bahngleise stürzten). Zu den beliebtesten Orten für den Suizid gehört der »See der Bäume«, der Wald Aokigahara am Fuße des Fuji. Im Jahr 2003 wurden 105 Tote im Wald gefunden. Allein 2010 verzeichnete die Polizei mehr als 200 Selbstmordversuche, von denen 54 gelangen. In ebendiesem Jahr beschlossen die Polizeirepräsentanten, die Veröffentlichung der Selbstmordzahlen einzustellen, um den Ort durch seine Erwähnung nicht noch attraktiver für Menschen zu machen, die mit dem Gedanken an einen Lebensabbruch spielen. Der Wald hatte auch schon früher einiges mit dem Sterben zu tun. So soll er ein »Hotspot« für das Aussetzen von alten und gebrechlichen Verwandten gewesen sein, eine Praxis, die als *ubasute* bekannt ist. Auch geht der Volksmund davon aus, dass die rastlosen Seelen Verstorbener dort herumspuken. Große, beinahe schon magnetische Anziehungskraft bekam der düstere Wald für Lebensmüde durch die

1957 erschienene Novelle *Nami no Tō* (»Der Wellenturm«) von Seichō Matsumoto. Aokigahara spielt in der Erzählung, wie auch in Matsumotos späterem Werk *Kuroi jukai (Schwarzes Meer aus Bäumen)*, eine entscheidende Rolle. Heute sollen im Wald aufgestellte Schilder mit Telefonnummern von Antiselbstmord-Hotlines zu einem Last-Minute-Umdenken der Suizidkandidaten führen.

Gäbe es einen »Reiseführer für Todesromantiker«, bekäme sicherlich auch der Mihara-yama auf der Insel Izu Ōshima südlich von Tōkyō ein eigenes Kapitel spendiert. Auch dieser aktive Vulkan belegt, dass viele lebensmüde Japaner nicht irgendwo sterben wollen, sondern am liebsten dort, wo schon einmal jemand das Vorhaben erfolgreich durchgezogen hat. Die Studentin Kiyoko Matsumoto soll sich auf der spärlich besiedelten Insel in den Krater des aktiven Vulkans gestürzt haben, da ihre Liebe zu einer Kommilitonin – im Jahr 1933 gesellschaftlich undenkbar – unerwidert blieb. Mehr als 2.000 »Selbstmordlemminge« folgten ihrem Beispiel, bis Offizielle an der Stelle, an der der Krater leicht zugänglich war, 1939 einen Stacheldrahtzaun errichten und Wachleute patrouillieren ließen.

Es gibt über Japan verteilt noch einige Wasserfälle, Brücken, Schluchten und andere Orte, die ein bevorzugtes Ziel von Menschen sind, die die ultimative Kontrolle über das eigene Leben und den Zeitpunkt ihres Todes behalten wollen. Aber das wäre vielleicht eher Stoff für den oben erwähnten alternativen Reiseführer.

Zurück im Krankenhaus: Die Maschine am Kopfende von Hideo Watanabes Bett piept im immer langsamer werdenden Rhythmus seines Herzschlags. Haruki beobachtet das einfache Display mit den abnehmenden Zahlenwerten. Sein Großvater hat in seinen Ending Notes ausdrücklich verlangt, dass es im Falle eines Organversagens keine lebensverlängernden Maßnahmen geben soll. Hideo steht, wie viele andere Japaner seines Alters, dem medizintechnischen Fortschritt skeptisch gegenüber – wenn es Zeit ist, zu gehen, dann ist es eben so. Der natürliche Ablauf von Leben und Sterben soll nicht gestört werden, schließlich heißt es im Zen-Buddhismus: Akzeptiere den Tod so, wie er ist. So verwundert es nicht, dass Japaner traditionell in ihren eigenen vier Wänden sterben – am liebsten im Kreis der Familie, soweit dies möglich und soweit der Zeitpunkt absehbar ist. Doch wie bei so vielem in der japanischen Kultur verblasst in den letzten Jahren die Tradition, und der Trend geht, wie im Westen, zum Krankenhaus als der letzten Station des Lebens. Im Fall von Harukis Großvater ging es wegen der Chemotherapie und der damit einhergehenden Schwäche nicht anders. Hätte er auf die Therapie verzichtet – so wie er es ohnehin wollte –, dann hätte er seine letzten Stunden auch in seinem geliebten Sessel an dem großen Fenster mit dem Ausblick auf den kleinen Gemüsegarten verbringen können. Daheim sterben – das wünscht sich laut einer aktuellen Umfrage der landesweit erhältlichen Tageszeitung *Yomiuri Shimbun* die Hälfte aller Befragten.

Sein Großvater hatte sich in den letzten Wochen viele Gedanken über sein Sterben gemacht und auch mit ihm ganz offen darüber gesprochen, was Haruki ein seltsames Gefühl bescherte. Sein Opa machte deutlich, dass er nicht einfach nur passiv sterben wollte, sodass er es anderen aufzwingen würde, sich um das Danach zu kümmern. Nein, das wollte er selbst organisieren, um es seinen Verwandten so einfach wie möglich zu machen. Und um seinen Tod so geregelt zu haben, wie er es für richtig hielt. Einmal sagte er zu Haruki, dass er sich darüber freue, nicht an der Folge eines Unfalls, also ganz schnell und ohne Vorbereitung, zu sterben. Haruki fand auch diese Aussage seltsam und traurig, auch wenn er spürte, dass sein Großvater wohl genau wusste, wovon er sprach. Hideo hatte sich schließlich in den letzten Monaten seines Lebens mit der Frage nach dem Sinn des Lebens, dem *ikigai,* auseinandergesetzt. Hatte, soweit es seine Konstitution zuließ, viel gelesen und geschrieben. Hatte überlegt, wie es nach der Beerdigung mit dem Leben nach dem Tod, dem *takai,* wohl sein würde. Unsterblichkeit? Vielleicht würde sie sein Großvater ja errreichen.

Hideo hat in sein Büchlein geschrieben, dass er keine Firmenbeerdigung möchte. Dabei war das früher, als es noch eine Anstellung auf Lebenszeit gab und als man immer ein *salaryman* ein und desselben Unternehmens war, durchaus üblich. Schließlich war in der japanischen Nachkriegsgesellschaft eine der engsten Verbindungen, die man einging, die mit der eigenen Firma. Die verstorbenen eigenen Mitarbeiter, die sich in das Unternehmen über all die Jahre eingebracht hatten, auf der Beerdigung zu ehren war seitens der Firma eine Selbstverständlichkeit. Die Firma übernahm natürlich auch die Kosten der Beerdigung. Und gleichzeitig stärkte diese Gepflogenheit das Wir-Gefühl der Kollegen innerhalb des Unternehmens. Im Endeffekt machte dies Beisetzungen weniger zu einer persönlichen Angelegenheit der Familie, wie man sie im Westen kennt, sondern eher zu einer Unternehmensveranstaltung.

Aber nein, das wollte Hideo Watanabe nicht. Er wollte das

schon selber alles in die Hand nehmen, um nicht noch nach seinem Tod zu einer Belastung für andere zu werden. So hat er in den Wochen, bevor er ins Krankenhaus kam, sein Arbeitszimmer ausgemistet und dabei zwei Stapel gebildet: Sachen, die für seinen Sohn und seine Familie als Erinnerungsstücke interessant sein könnten, und Dinge, die entsorgt werden konnten. Seine Frau Takako sollte nicht eine dieser Firmen rufen müssen, von denen es jetzt so unglaublich viele gibt. Spezialisten – manche von ihnen buddhistische Mönche –, die nach dem Tod eines Angehörigen in das Haus oder in die Wohnung gerufen werden und sich um die Entsorgung der Hinterlassenschaft kümmern. Die sortieren das, was sie ausräumen, nach Dingen, die sich noch zu Geld machen lassen und dann in Recycling-Shops landen – oder in Containern, die für einen Verkauf die Reise in andere Länder, etwa auf die Philippinen oder nach Afrika, antreten –, und Dingen, die allenfalls emotionalen Wert haben.

Doch warum soll Haruki schon an den Tod denken, wenn sein Opa lebend vor ihm liegt? Die unaufhörlich piepende Maschine erinnert allerdings daran, dass dieser Zustand endlich ist. Da fliegt die Tür auf, und sein Vater Kenji kommt herein. Er muss die letzten Blocks von der Bahnhaltestelle bis zum Krankenhaus gerannt sein, denn er begrüßt seine Mutter Takako und ihn leicht atemlos: »Ich bitte darum, mein Zuspätkommen zu entschuldigen. Es war leider außerhalb meines Einflussbereichs.« Takako schaut auf und mustert Kenji, als habe sie ihn seit Monaten nicht gesehen. »Wo ist Yukiko?« »Sie musste noch Sayuri abholen, müsste aber jeden Augenblick ...« Ein lautes Pfeifen des Herzfrequenzmonitors durchschneidet den Raum. Unwillkürlich schauen alle auf das Display – und sehen eine gerade Linie anstelle der Sinuswellen.

Im nächsten Augenblick geht wieder die Tür auf, und eine Schwester und ein junger Assistenzarzt eilen an das Bett.

Einige Stunden später liegt Hideo Watanabe daheim auf seinem eigenen Futon. Er trägt seine Lieblings-*yukata,* ein Tuch ist um seinen Hals drapiert. Seine übereinandergeschlagenen Beine und sein entspannter Gesichtsausdruck lassen beinahe vergessen, dass er wenige Stunden zuvor im Krankenhaus verstorben ist. Takako bekommt von Herrn Futaba, einem jungen und sichtlich nervösen Mitarbeiter eines Beerdigungsinstituts, ein feuchtes Tuch gereicht und wäscht ihrem Mann damit sanft das Gesicht. Nach ihr ist Kenji an der Reihe, dann seine Frau Yukiko und schließlich Haruki und Sayuri. Alle schweigen, während sie Herrn Futaba dabei zusehen, wie er Eispakete neben dem Verstorbenen platziert, dann dessen Körper und schließlich auch sein Gesicht mit einem weißen Tuch zudeckt.

Am nächsten Morgen – Hideo Watanabe hat, wie es in Japan üblich ist, im Kreise seiner Verwandten die letzte Nacht in seinem Haus verbracht – bringen Kollegen von Herrn Futaba zusammen mit der Familie den Leichnam in einer kleinen Prozession zu dem buddhistischen Tempel, den sich Herr Watanabe in seinen Abschlussnotizen für seine Totenwache gewünscht hat. Ein alternativer Ort für die Totenwache wäre der eher nüchterne hierfür gedachte Raum in dem Beerdigungsinstitut oder ein Saal im nachbarschaftlichen Vereinsheim gewesen. Doch er hatte sich eben für einen buddhistischen Tempel entschieden.

Beerdigungen in Japan sind in der Regel mit vielen buddhistischen Riten verbunden, unabhängig davon, welcher Religion der Verstorbene angehörte. Als Familie Watanabe am Tempel ankommt, wird der Ehemann, Vater und Großvater umgezogen und mit etwas Trockeneis in einen einfachen Sarg gebettet. Am Kopfende befindet sich eine kleine, offene Flügeltür, durch die Teilnehmer der Totenwache das Gesicht des toten Verwandten, Freundes oder Kollegen noch einmal sehen können. Etwa 25 Menschen aus verschiedenen Phasen seines Lebens sind Frau Watanabes Einladung zu der *otsuya*-Zeremonie gefolgt. Die, die nicht kommen konnten, haben sich, wie es sich gehört, sich mit der Nennung der jeweiligen Gründe förmlich entschuldigt und gefragt, ob sie die Familie anstelle ihres Erscheinens mit etwas anderem unterstützen können. Niemand hat zur Kondolenz einen Kranz oder ein Blumenarrangement geschickt – das wird in Japan in den allermeisten Fällen als unpassend wahrgenommen.

Bei Erscheinen wird jeder der Trauergäste persönlich von der trauernden Familie begrüßt. Nachdem die Gäste der Familie ihr Beileid ausgesprochen haben – Haruki hört einige Male den Satz »*Goshūshō-sama desu*« (»Sie müssen in schrecklicher Trauer sein«) –, gehen sie weiter und verhalten sich für den Rest der Totenwache still. Die Herren tragen durchweg, wie es üblich ist, schwarze Anzüge, weiße Hemden und nichtglänzende schwarze Schuhe und Krawatten. Manche der Damen tragen ornamentfreie schwarze Kimonos, andere schwarze Kleider, die bis über die Knie reichen. Sie haben blickdichte, schwarze Strumpfhosen angezogen und wie die Männer Schuhe ohne viel Pomp oder andersfarbige Schnallen und Verzierungen übergestreift. Das Make-up ist stark zurückgenommen, lange Haare sind zu einem Dutt hochgesteckt, und niemand trägt Schmuck außer den Eheringen.

Nach der Begrüßung durch Familie Watanabe gehen die Gäste zu einem Empfangsbereich, in dem sie ihr *okoden* in eine eigens dafür aufgestellte Kiste legen. *Okoden* sind Geldgeschenke, die die Hinterbliebenen bei den Beerdigungskosten unterstützen sollen. Für diese Geldgeschenke im Bereich von 3.000 bis 30.000 Yen (circa 24 bis 240 Euro), je nach persönlicher Nähe zu dem Verstorbenem, wird ein spezieller Umschlag verwendet, der *goreizen*. Er ist weiß und mit zwei kunstvoll ineinander verschlungenen Bändern, einem weißen und einem schwarzen, sowie anderen Ornamenten wie kleinen Wolltroddeln verziert. Alle Gäste haben darauf geachtet, dass sie keine glatten neuen Scheine in den Umschlag gesteckt haben. Das hätte den Eindruck erweckt, dass man den Tod schon lange hat kommen sehen und noch ausreichend Zeit hatte, sich frische Scheine in der Bank zu besorgen.

Haruki schaut in die Richtung des Sargs, und sein Blick bleibt an einem großen Bild seines Großvaters hängen, das inmitten einer reichen Blumen- und Lichterdekoration aufgebaut ist. Neben seinem Sarg steigen Weihrauchschwaden auf. Ein buddhistischer Priester, der vor dem Sarg kniet, rezitiert ausgewählte Sutren. Über allem liegt eine Stimmung von Ruhe und Frieden, als seine Großmutter an den Sarg tritt und mit Daumen, Zeige- und Mittelfinger etwas von dem *makko*-Weihrauchpulver nimmt. Sie führt die drei Finger an die Stirn und streut das Pulver in die kleine Flamme auf der Weihrauchschale. Dann legt sie die Handflächen aneinander und murmelt stumm ein kurzes Gebet. Dem großen Porträt ihres Mannes zugewandt verbeugt sie sich kurz und macht den Platz für ihren Sohn frei, der, wie alle anderen Gäste des *otsuya*, ebenfalls zum Pulver greift, es entzündet, betet und seinen Abschied mit einer Verbeugung abschließt.

Als alle Gäste Hideo Watanabe auf diese Weise ihre letzte Ehre erwiesen haben, beendet der Priester seine Sutre. Herr Futaba, heute in einer grauen Uniform mit farblich passender

Mütze, schließt mit weiß behandschuhten Fingern behutsam die kleine Flügeltür am Kopfende des Sargs und verbeugt sich. Beim Verlassen des Tempels überreichen Kenji und Yukiko jedem der Gäste ein kleines Geschenk – als Dank für das zuvor erhaltene *okoden*. Familie Watanabe kehrt im Anschluss in einem nahe gelegenen Ramen-Restaurant ein, und auch die Gäste fahren nicht direkt nach Hause. Ein alter Aberglaube besagt, die Geister der Verstorbenen könnten den Trauergästen vom Raum der Totenwache bis nach Hause folgen. Da macht man dann vorsichtshalber noch einen Zwischenstopp, um die Geister abzuschütteln.

Auch der nächste Tag, der Tag der eigentlichen Beerdigungsfeier *(ososhiki),* beginnt wieder früh. Familie Watanabe, die Gäste des Vortags und ein guter Bekannter aus Deutschland, der nur Stunden zuvor in Japan gelandet ist, treffen sich im Tempel. Die Riten ähneln denen des Vortags: Der Priester rezitiert in einem gutturalen Singsang die Texte verschiedener buddhistischer Sutren, und alle Anwesenden verbrennen etwas vom *makko*-Pulver zu Weihrauch. Haruki bemerkt, wie sich der große, ungelenke Mann aus Deutschland dabei seine Fingerspitzen leicht verbrennt und darüber die abschließende Verbeugung vergisst. Seine Mutter lächelt – das erste Mal seit einigen Tagen.

Als alle dem Verstorbenen ihre allerletzte Ehre erwiesen haben, werden Teile des Blumenschmucks in den Sarg gelegt, und dieser wird verschlossen. Die allerletzte Reise zum Krematorium wird Hideo Watanabe nun alleine mit seiner Familie antreten, während die Gäste wieder zurück zur Arbeit oder nach Hause fahren – natürlich wieder mit einem obligatorischen Zwischenstopp, um ja keine traurige Seele mit nach Hause zu nehmen.

Nachdem Herrn Watanabes Leichnam verbrannt worden ist, kommen seine Hinterbliebenen noch einmal zum vorerst letzten traditionellen Ritus zusammen. Mit einem speziellen Paar Stäbchen, eines aus Weiden-, das andere aus Bambusholz, nimmt jedes Familienmitglied je einen Knochenteil aus der Asche und legt ihn in eine kleine Schale. Besonders wichtig ist dabei ein Nackenknochen, der von der Form her an einen sitzenden Buddha erinnern soll. Haruki kann keinen sitzenden Buddha erkennen, legt aber, wie von Herrn Futaba angeregt, einen kleinen Knochen in die dafür ausgewiesene Schüssel.

Nach dem Besuch eines Denny's-Familienrestaurants erreicht Haruki mit seiner Familie das Haus, das für ihn immer mit seinen Großeltern verbunden sein wird. Das Gefäß mit den gesammelten Knochen wird im kleinen buddhistischen Hausaltar platziert, dem *butsudan*. Harukis Großmutter Takako stellt das große Porträt, das bei der Totenwache und der Trauerfeier in der Nähe des Sargs stand, mit zitternden Händen direkt neben dem *butsudan* auf und nickt dem Bild ihres Mannes zu. In den nächsten Wochen werden Kenji, Yukiko, Haruki und seine kleine Schwester Sayuri häufig zu Besuch sein, denn im Buddhismus ist es üblich, bis zum 49. Tag nach der Einäscherung alle sieben Tage zur Ehre des Verstorbenen zusammenzukommen. Neben der Familie wird auch der buddhistische Priester im Haus der Watanabes zu Gast sein und seine Sutren singen. Man wird wieder Weihrauch abbrennen und für Hideo beten.

Als er das Foto seines stets so fröhlichen Großvaters betrachtet, spürt Haruki, wie Tränen über seine Wangen laufen. Er erinnert sich, wie Hideo ihm damals – wie auch schon Jahrzehnte zuvor seinem Vater Kenji – mit der allergrößten

Geduld das Fahrradfahren beigebracht hat, und bedauert, dass er nie wieder die Möglichkeit haben wird, etwas von ihm zu lernen. Doch dann muss er lächeln: Im nächsten August, wenn die sterblichen Überreste seines Großvaters längst in der Familiengrabstätte beigesetzt sein werden, wird dessen Seele wieder für drei Tage nach Hause zurückkehren können. Dann, wenn in ganz Japan das O-Bon-Fest gefeiert wird.

DAS SCHÖNSTE MÄDCHEN DER WELT

VON POPSTARS, EINER EXTRAPORTION NIEDLICHKEIT UND KOSTENPFLICHTIGEM HÄNDESCHÜTTELN

Ryū steht in der Schlange, gemeinsam mit vielen anderen Männern mittleren Alters. Es geht nur langsam voran. Aber Ryū ist geduldig. Er wartet darauf, einem Mädchen die Hand zu schütteln – und zwar kostenpflichtig, für 10.000 Yen (etwa 78 Euro). Aber Geld spielt keine Rolle, denn schließlich handelt es sich dabei um das mit Abstand schönste Mädchen der ganzen Welt. Noch schöner sogar als seine Exfrau Saki – findet zumindest Ryū. Und da ist er nicht der Einzige. Denn Mion Mukaichi ist ein Idol und hat viele Fans.

Idols *(aidoru)* nennt man in Japan die Mitglieder von Popgruppen, bei denen Talent und Gesangskünste nicht ganz so im Vordergrund stehen – noch wichtiger für den Erfolg als Idol ist vielmehr der Niedlichkeitsfaktor. Die jungen Mädchen singen und tanzen auf der Bühne – einzeln oder synchron als

Gruppe –, während ihre Fans im Publikum begeistert mitsingen. Oft tragen sie – für das richtige Quäntchen Niedlichkeit – Kostüme, die Schuluniformen ähnlich sehen: mit kurzen Röcken, engen Oberteilen und losen Kniestrümpfen, die viel zu weit wirken. Mion ist Mitglied der Band AKB48, die mit über 20 Millionen verkauften Alben zu den erfolgreichsten japanischen Musikgruppen überhaupt gehört. Der Name AKB ist eine Kurzform für den Tōkyōter Stadtteil Akihabara, in dem sich die Bühne der Band befindet. 48 war die ursprünglich angestrebte Anzahl der Gruppenmitglieder – allerdings wurde das Konzept so erfolgreich, dass AKB48 mittlerweile in verschiedene Teams aufgeteilt ist und insgesamt 134 Mitglieder hat. Das Erfolgsrezept der Band: die Nähe zu den Fans.

Während Idols in den 1990ern noch weit weniger erfolgreich und weit weniger nah an ihrem Publikum waren, kam in den frühen 2000er-Jahren Schwung in die Idol-Szene. Fans konnten ihre Lieblingssängerinnen nun nicht mehr nur in Musikvideos sehen, sondern auch persönlich treffen. Die Mitglieder von AKB48 zum Beispiel treten jeden Tag auf, zum Teil sogar an mehreren Orten gleichzeitig. Das ist ein Vorteil der vielen Mitglieder: es müssen nicht immer alle 134 Mädchen gleichzeitig auf der Bühne stehen. Ihre Fans können die Mädchen also häufig performen sehen, ihnen auf Social-Media-Kanälen folgen und sie natürlich persönlich treffen.

Endlich, Ryū ist der Nächste. Gleich wird er Mion die Hand schütteln können und knapp drei Minuten Zeit haben, mit ihr zu sprechen. Klar, er könnte auch günstiger per Skype mit ihr chatten (für 3.500 Yen, circa 28 Euro) aber Ryū ist der persönliche Kontakt einfach lieber. Manche Idol-Gruppen verlosen die Termine zum Händeschütteln auch über Gutscheine in ihren CDs. Kein Wunder, dass viele Fans gleich mehrere CDs kaufen, falls der beliebte Gutschein in der ersten nicht enthalten ist. Zum Glück bringen die meisten Idol-Popgruppen mehrere CDs pro Jahr heraus. Manche davon sind Singles, andere Mini-CDs enthalten fünf bis sechs Lieder. Aber in jeder befindet sich ein Booklet mit vielen Fotos der Mädchen, das für viele mindestens genauso wichtig ist wie die Musik.

Jetzt. Mion strahlt ihn an und grüßt ihn fröhlich. Ryū ist immer wieder fasziniert davon, dass ein so hübsches Mädchen wie Mion sich an ihn erinnert und ihn persönlich mit Namen begrüßt. Schon bei ihrer ersten Begegnung vor drei Jahren – das war, kurz nachdem Saki diesen Matthew kennengelernt hatte – war er verzaubert von ihrem Lächeln und ihrer Freundlichkeit. Ryū schüttelt Mions Hand – leider viel zu kurz – und überreicht ihr eine selbst gebastelte Karte mit einem kurzen, selbst verfassten Gedicht. Mion strahlt, Ryū darf noch schnell ein Foto von ihnen beiden machen, und schon ist die Zeit wieder um. Schnell macht er den Platz für den nächsten Fan frei und tritt unter den Augen des Securitypersonals beiseite. Die Sicherheitsbestimmungen haben zugenommen, seit vor ein paar Jahren zwei Idols von einem Fan mit einer Säge attackiert wurden.

Ryū steht wieder in der Masse der männlichen Fans, die meisten sind wie er um die 40 Jahre alt. Seit die Girls-only-Events eingeführt wurden, weil sich viele Zuschauerinnen unter den vielen männlichen Fans unwohl fühlten, sind bei den normalen Auftritten die männlichen Zuschauer noch stärker in der Überzahl. Dass Mion mit ihren 20 Jahren locker seine Tochter sein könnte, stört Ryū nicht. Vielmehr erinnert sie ihn oft an seine Jugend, und er bewundert ihre Disziplin und Zielstrebigkeit.

Tatsächlich ist eiserne Disziplin neben einem möglichst niedlichen Auftreten eine der wichtigsten Eigenschaften, die ein Idol mitbringen sollte. Idols repräsentieren in Japan die ideale Frau (das gilt zumindest für die weiblichen Idols, männliche Idols repräsentieren eher den idealen Schwiegersohn); für junge Mädchen übernehmen sie die Funktion von Vorbildern. Von Idols wird erwartet, dass sie immer perfekt aussehen, für ihre Fans stets erreichbar sind, hart arbeiten – manchmal bis zu 20 Stunden pro Tag – und natürlich, dass sie sexuell unerfahren sind. Das Problem ist nur, dass sie die Rolle des perfekten Mädchens nicht nur auf der Bühne spielen müssen, sondern rund um die Uhr. Einen Freund zu haben ist also tabu in der Idol-Welt. Zumindest ist es problematisch, wenn die Beziehung öffentlich wird.

Minami Minegishi, die wie Mion zu AKB48 gehört, musste das auf die harte Tour erfahren. Als herauskam, dass sie einmal eine Nacht bei ihrem Freund verbracht hatte, entschuldigte sie sich öffentlich und unter Tränen für ihren Fehltritt und rasierte sich sogar die Haare ab. Ob die Kopfrasur wirklich Minamis eigener Wunsch war, wie sie selbst beteuert, oder eine marketingwirksame Idee ihres Managements – es hat funktioniert, und Minami durfte Mitglied der Gruppe bleiben. Die Idol-Karriere vieler anderer Mädchen findet allerdings ein jähes Ende, sobald sie anfangen, sich wie normale Jugendliche ihres Alters zu benehmen. Ein bewährtes Mittel zur Vorbeugung ist es daher, gut aussehende junge Maskenbildner und Haarstylisten einzustellen, natürlich ausschließlich homosexuelle. Auf diese Weise können die Idols sich unsterblich verlieben, und es besteht trotzdem keine Gefahr einer karriereschädlichen Entjungferung. Denn natürlich ist es wichtig, dass die Mädchen ihre Unschuld bewahren – zumindest für die Öffentlichkeit.

Denn sonst ließe sich die Illusion, der sich viele Fans – auch Ryū – hingeben, nicht so einfach aufrechterhalten: Eines Tages könnte sie sich in mich verlieben.

Inzwischen ist Ryū am Merchandisingstand angekommen und kauft sich noch eine *bentō*-Box mit Mion-Aufdruck und ein T-Shirt. Dann unterhält er sich kurz mit einigen der anderen Fans – inzwischen kennt man sich. Mion hat nächste Woche Geburtstag, und sie planen gemeinsam, eine Geburtstagstorte und Blumen zu kaufen. Ryū kramt auch dafür Geld hervor, natürlich wird er sich beteiligen. Manche der Hardcorefans nutzen jede Gelegenheit, ihrem Idol nah zu sein, sind auf jedem Event dabei, machen viel Geld für das Händeschütteln locker. Ein Bekannter von Ryū hat früher regelmäßig mehr als sein halbes Monatsgehalt in Mion »investiert«. Inzwischen ist sie ihm aber zu alt geworden.

Tatsächlich ist der Zeitraum, in dem man als Idol Geld verdienen kann, begrenzt. Mit Anfang 20 gehören die Mädchen bereits zu den Älteren und werden nach und nach durch jüngere ersetzt. Bei einigen Idol-Gruppen bleibt die Anzahl der Mitglieder über die Jahre gleich, die Mädchen selbst aber werden nach und nach ausgetauscht. Und der Nachwuchs steht bereit. Schon im Grundschulalter werden Trainings angeboten, die die Kinder aufs Showbusiness vorbereiten. Die Eltern lassen sich das häufig einiges kosten. Bei speziellen Veranstaltungen können die Nachwuchstalente dann vorsingen (und vortanzen), und mit etwas Glück werden sie von der Jury in die Gruppe gewählt. Manche der Mädchen sind gerade mal zwölf Jahre alt, wenn sie ihre Karriere starten, und manche Männer, wie der Bekannte von Ryū, mögen genau das. Denn je jünger die Mädchen sind, desto niedlicher sind sie, desto weniger einschüchternd und desto unschuldiger wirken sie.

Der Start ins Idol-Leben ist nicht einfach. Das Management vieler Popgruppen bezahlt deren Mitglieder erst dann, wenn die Gruppe eine gewisse Popularität erreicht hat. Und der Konkurrenzkampf ist groß – nicht nur der zwischen den verschiedenen Idol-Gruppen. Auch in der eigenen Gruppe kommt es darauf an, wer am beliebtesten bei den Fans ist. Dafür ist harte Arbeit nötig: nicht nur strenges Workout-Training, daneben Gesangsunterricht, Stimmübungen, Einstudieren von Choreografien und Interviews, sondern auch der Kontakt mit den Fans. Doch auch wenn es, gerade für die jüngsten Mädchen, bestimmt nicht immer angenehm ist, nach den Auftritten von einer Schar Männer belagert zu werden, liegt die wahre Herausforderung doch oft woanders. Umfragen zufolge geben weibliche Idols immer wieder an, von ihrem eigenen Management in irgendeiner Form sexuell belästigt worden zu sein. Nicht jede Zwölfjährige ist sich immer sicher, wann sie zu ihrem Manager Nein sagen kann. Und karrierefördernd wäre das sicher auch nicht.

Idol sein ist ganz schön anstrengend – und die Uhr tickt. Ewig können die Mädchen den Job nicht machen, und obwohl sie zum Teil die Fans zu Tausenden in Begeisterung versetzen, verdienen sie in der Regel nicht mehr als einfache Angestellte. Kein Wunder also, dass die meisten versuchen, irgendwann als Sängerin (also ernst zu nehmende Sängerin) oder Synchronsprecherin zu arbeiten. Vorbilder sind hier die Mitglieder der Band Mooiro Clover Z. Die Mädchen, denen auf Plakaten gerne mal farbige Laserstrahlen aus den Augen schießen, haben zum Beispiel als erste Idol-Gruppe die Titelsongs für Anime-Serien wie *Sailor Moon*, *Pokémon* oder *Dragon Ball Z* eingesungen. 2015 war die Band sogar international in den Schlagzeilen, als sie gemeinsam mit der amerikanischen Band Kiss eine Single aufnahm.

Nicht nur jüngere Mädchen machen den Idols Konkurrenz, sondern auch Importe aus Korea. K-Pop-Bands gewinnen auch in Japan an Popularität, während sich J-Pop in Südkorea kaum vermarkten lässt. Ein Grund dafür ist sicherlich, dass es in Korea nicht ausreicht, einfach nur niedlich zu wirken. Viele koreanische Idols schreiben ihre Songs selbst und performen auf einem professionelleren Level. Das macht sie auch für viele Japaner (und vor allem Japanerinnen) interessant.

Doch japanische Idols müssen nicht nur die Konkurrenz aus Korea fürchten. Die wahre Bedrohung hat lange grüne Haare, füllt große Konzerthallen, hat schon über 100.000 Lieder gesungen, wird gerne von internationalen Unternehmen wie Google gebucht und hat in sozialen Netzwerken mehr als eine Million Fans. Und das Beste: sie macht keine Fehler, niemals. Ihre Auftritte sind immer perfekt. Kein Wunder, denn Miku Hatsune ist kein Mensch, sondern ein virtueller Avatar. Eigentlich besteht sie hauptsächlich aus einem Programm, einer Art Stimmensynthesizer. Die Songs werden von den Fans selbst geschrieben – oder zumindest aus vorgefertigten Softwarebausteinen zusammengesetzt. Dadurch ist Miku viel wandlungsfähiger als andere Idols. In ihren Liedern spricht auch untypische Popsongthemen wie Selbstmord an, die die Fans berühren. Die Vorteile von virtuellen Idols liegen klar auf der Hand: Sie altern nicht, haben keinen Sex und werden immer genau das tun, was von ihnen erwartet wird. Nur Hände schütteln können sie eben nicht so gut.

Ryū ist inzwischen in seine kleine Ein-Zimmer-Wohnung zurückgekehrt, die mit Postern von Mion tapeziert ist. Auch alle Postkarten, die sie ihm geschrieben hat – o ja, Idols kümmern sich um ihre treuen Fans –, hat er aufbewahrt. Vorsichtig packt er die neu erworbene CD aus, öffnet das Booklet und sieht sich die Bilder an.

Kawaii – süßer geht's nicht

Baustellenabgrenzungen, die aussehen wie kleine Häschen, Hello-Kitty-Toilettensitze, Fluggesellschaften, die Pikachu auf ihre Flugzeuge drucken, ein Kätzchen aus Ketchup, das auf ein Omelett gemalt wird, und niedliche Bärchen auf Kondompackungen – all das sind Beispiele für ein Phänomen, das in Japan *kawaii* genannt wird. Oder besser gesagt: »*kawaaaaaiiiiii!*« Ursprünglich war das ganz einfach der japanische Ausdruck für »niedlich«, »süß« oder »liebenswert« – inzwischen hat sich *kawaii* zu einem internationalen Trend entwickelt.

In Japan nutzen auch seriöse Unternehmen wie Banken und Versicherungen, sogar der Staat, niedliche Avatare. Jede japanische Präfektur hat ein eigenes süßes Maskottchen, und erwachsene Geschäftsmänner, die in der Öffentlichkeit Comics lesen oder Nintendo spielen, sind keine Seltenheit. Der Zwang, möglichst seriös und erwachsen zu wirken, ist in Japan weniger stark ausgeprägt als beispielsweise in Europa.

Entstanden ist der Trend in den späten 1960er-Jahren, als einige Studenten aus Protest gegen die starren Lehrpläne anfingen, Comics für Kinder zu lesen, statt die Vorlesungen zu besuchen. In den 1970ern dann begannen Schulmädchen, sich kindlicher zu kleiden und eine niedlichere runde Schrift zu entwickeln, die mit kleinen Zeichnungen verziert wurde. Da diese Schrift nur schwer lesbar war, wurde sie in den Schulen verboten, der Stil fand seinen Weg aber in Magazine und Comics. Zur gleichen Zeit entstanden niedliche Figuren wie Hello Kitty, die sehr schnell populär wurden. Der Niedlichkeitstrend stellt bis heute einen Weg dar, noch ein bisschen länger an der sorgenfreien Zeit der Kindheit festzuhalten, einfach nicht so schnell erwachsen zu werden und, zumindest gefühlt, den vielen Verpflichtungen des Erwachsenenlebens zu entkommen. Auch erwachsene Frauen und Männer stylen sich daher zum Teil betont niedlich – Männer haben lange Haaren und rasierte Beine, Frauen tragen Mützen mit Katzenöhrchen oder puschelig weiche Handtaschen.

Aus dem Phänomen *kawaii* sind weitere Subkulturen entstanden, zum Beispiel der Lolita-Style – eine Mischung aus Rokokomode und viktorianisch inspiriertem Stil, der mit Gothic-Elementen kombiniert wird: viel weiße Spitze, Schleifchen, Pastelltöne, Bänder im Haar, aber auch schwarzer Tüll und schwarze Spitzenhandschuhe. Ähnlich gewöhnungsbedürftig ist Decora Fashion. Wie der Name schon andeutet, wird hier dekoriert, was das Zeug hält. Junge Frauen und Männer – gerne mit pinkfarbenen, lilafarbenen oder türkisen Perücken – tragen 20 und mehr Haarspangen im Haar, zahlreiche Glitzeraufkleber im Gesicht und so ziemlich alle Farben des Regenbogens am Körper. Sobald man aussieht wie ein übermäßig verzierter Cupcake, hat man den Style getroffen.

LEBENSABEND UNTER DER AUFGEHENDEN SONNE

VON AUSGESETZTEN AHNEN, EINER GANZEN MENGE HUNDERTJÄHRIGER UND DER ARBEIT NACH DER ARBEIT

Irgendwann ist der Tag im Leben gekommen, an dem man keinen großen Wert mehr für die Gemeinschaft hat. Kitsu Ikeda, die zuvor noch fleißig in der Küche geholfen hat und auch für die Kinder immer da war, ist nicht mehr gut auf den Beinen und wird für ihre Familie mehr und mehr zur Last. Sie fordert Pflege ein, die nur geleistet werden kann, wenn andere dafür zurückstecken. Sie möchte ständig etwas essen, obwohl die Vorräte jetzt im Winter sowieso schon so knapp sind – besonders infolge der schlechten Ernte in diesem Herbst nach einem von Dürre geprägten, langen Sommer.

So geht es nicht weiter: Großmutter Kitsu muss weg.

An einem klaren, kalten Januarmorgen wird sie zum letzten Mal von ihrem Sohn Noboru gewaschen, mit Essen versorgt und angezogen. Er schultert seine gebrechliche Mutter und verlässt das kleine, einfache Haus. Schweren Schrittes setzt er sich in Bewegung. Der letzte Morgennebel lichtet sich langsam und gibt den Blick auf den Kamuriki-Berg frei, den hier viele Ubasuteyama nennen. Sein Magen knurrt, da er seiner Mutter seine Frühstücksration Reis überlassen hatte. Nach einer Weile unterbrechen sie den beschwerlichen Anstieg für eine kleine Verschnaufpause. Rauch steigt aus den Kaminen der bescheidenen Häuser des Dorfs unten im Tal. Eine kraftlose Sonne setzt die Natur malerisch in Szene, und Noborus Blick ruht einen Moment auf den Kiefern, die sich sanft im schneidend kalten Wind wiegen. Er überwindet sich, seine Mutter anzuschauen, die ihn mit gütigen Augen anblickt und zu seiner Überraschung lächelt.

Sein Herz schnürt sich zusammen. Muss es wirklich sein? Die Äste der Kiefern bewegen sich heftiger im Wind als zuvor, ihre Konturen verschwimmen vor seinen Augen in einem dünnen Tränenfilm. Ja, es muss. Mit dem Ärmel seiner ramponierten Jacke wischt er die Tränen ab und packt seine Mutter. Unter ihrer Haut spürt er die Knochen, er hat Angst, sie zu verletzten, wenn er sie auf die Schulter nimmt. Sie setzen ihren schweren Gang fort. Er erinnert sich an die glücklichen Momente seiner Kindheit. Damals, als sein Vater Ren noch lebte, mit dem er und seine Brüder oft zum Chikuma-Fluss gingen, um Fische zu fangen, die seine Mutter, als sie wieder zurück in Chishikiji waren, ausnahm und über der Feuerstelle zubereitete. Jetzt bricht seine Mutter Äste von Bäumen und Büschen ab, an denen sie langsam vorbeigingen. Sie zerbricht sie in kleine Stöcke, als unverkennbare Wegweiser für seine sichere Heimkehr.

Nach mehreren Stunden erreichen Kitsu und Noboru Ikeda ihr Ziel. Die Kälte und die Last des menschlichen Bündels auf seinem Rücken haben seine Hände nahezu taub werden lassen. Wie mag es da seiner Mutter gehen, die die ganze Zeit, vom Ästeabknicken abgesehen, regungslos auf seinem Rücken ausgeharrt hat? Schnaufend setzt er sie auf einem großen Felsbrocken ab. Es ist still. Noboru blickt Kitsu an. Sie lächelt und bedeutet ihm, zu gehen. Und Noboru dreht sich auf der Stelle um, verzichtet auf eine Umarmung. Der Abstieg fühlt sich für ihn noch beschwerlicher an als auch der Aufstieg. Obwohl er seine Mutter nicht mehr trägt. Weil er seine Mutter nicht mehr trägt. Er spürt, wie ihre Blicke auf ihm ruhen, wie sie ihm nachsieht, als er zunächst langsamen, dann immer schneller werdenden Schrittes den Berg hinunter und zurück in sein Leben marschiert.

Mehr als 300 Jahre später schaut auch Takako Watanabe ihrem Sohn hinterher. Sie sieht, wie Kenji seinem Sohn Haruki die Autotür aufhält. Bald wird ihr Enkel selber den Führerschein machen können. Wie die Zeit vergeht.

Kenji wendet sein ultrakompaktes Citymobil und winkt ihr durch das Seitenfenster noch einmal zu, bevor die beiden die Straße hinunterfahren, zurück zu Yukiko und ihrer Enkelin Sayuri. Eine Weile blickt Takako noch den Rückleuchten nach, bis sie nicht mehr zu sehen sind. Auch wenn sie nicht in einem abgelegenen Gebiet auf ihren Tod durch Verdursten, Verhungern oder Erfrieren wartet, sondern in einem der besten Altenwohnheime der Stadt am Fenster steht, fühlt sie sich hier tief in ihrem Herzen ausgesetzt. Zum Sterben allein gelassen.

Das Auto ihres Sohnes ist schon lange aus ihrem Blickfeld verschwunden, doch starrt sie weiter mit leerem Blick aus dem Fenster. Ihr Blick fällt auf die tristen Wohngebäude des Vororts und andere Bewohner des Wohnheims, die nach einem

Spaziergang in das wahrscheinlich letzte Zuhause ihres ausgehenden Lebens zurückkehren. »Wo sind nur all die Jahre geblieben?«, seufzt sie, während sie sich vom Fenster abwendet und vorsichtig in einen großen Ohrensessel gleiten lässt. Sie erinnert sich, wie ihr das Thema Altern erstmals bewusst wurde, als sie, wie auch jeder andere Japaner, ab dem Alter von 40 Jahren die obligatorischen Versicherungsaufschläge bezahlen musste, die zusammen mit einer Kombination aus Steuergeldern und Arbeitgeberbeiträgen zur Sozialversicherung die Rente finanzieren. Das System stellt eine gewisse Grundversorgung sicher, aber wie Takako Watanabe nun aus eigener Erfahrung weiß, wird nach wie vor vom Staat und der Gesellschaft erwartet, dass Kinder für ihre pflegebedürftigen Eltern aufkommen.

Früher lag die Pflege der Eltern in den Händen ihrer Kinder: Wenn die Eltern Unterstützung brauchten, zogen sie in das Haus eines der Kinder, und dort lebten alle als glückliche Großfamilie zusammen. Es war lange Brauch, dass dann die Tochter oder Schwiegertochter die Pflege ihrer oder seiner Eltern übernahm – Pflegeaufgaben werden in Japan gewöhnlich als Frauenarbeit angesehen. Doch mit dem demografischen und ökonomischen Wandel sowie dem zusätzlich rasant fortschreitenden Bevölkerungsschwund änderte sich einiges. Gut ausgebildete Frauen sind eine zu wichtige Ressource, als dass sie einfach Hausfrauen bleiben könnten. Genau wie Yukiko, Takakos Schwiegertochter, die das Glück hatte, ihr zweites Kind Sayuri in einem unternehmenseigenen Kindergarten unterbringen zu können.

Trotzdem hätte Takako nie gedacht, dass sie selber einmal in einem Altenwohnheim landen würde. Sie erinnert sich an die Diskussionen im alten Jahrtausend. Damals wurden pflegebedürftige alte Menschen, die nicht von ihren Kindern versorgt werden konnten, in krankenhausähnlichen Stationen untergebracht. Kostenlos. Für den Staat entwickelte sich das Angebot allerdings schnell zu einem gewaltigen Kostenfaktor sodass im Jahr 2000 auf öffentlichen Druck hin ein Versicherungssystem eingeführt wurde, in das jeder einzahlen musste. Auch sie selbst zahlte gerne in dieses System ein, sicherte es doch auch längere Krankenhausaufenthalte im Alter ab, ohne die eigenen Verwandten zu belasten.

Nahrung für Zahlenjunkies

Sie gehören zu den Menschen, die sich wie Wirtschaftsführer und Politiker statistische Daten und Fakten zu nahezu jedem Themenfeld merken können? Super, hier haben wir Futter für Sie: Auch wenn der demografische Wandel im Jahr 2013 schon zu spüren war, lebten laut dem japanischen Ministerium für Gesundheit, Arbeit und Wohlfahrt immerhin noch 64,1 Prozent aller pflegebedürftigen älteren Menschen mit ihrer Familie im selben Haushalt zusammen. Zu 40 Prozent waren die Partner die Pflegenden, zu 33 Prozent die Töchter und zu 24 Prozent die Schwiegertöchter. 13,3 Prozent der Pflegeleistungen wurden von spezialisierten Dienstleistern erbracht.

»Woran denken Sie, Frau Watanabe?«, fragt Lien Wu, eine der Pflegerinnen, die Takakos Abendessen auf dem kleinen Tisch im Küchenbereich der praktischen Altenwohnung abstellt: ein ausgewogenes Mahl mit Fleisch und Fisch zu gleichen Teilen, ein wenig Reis, sauer eingelegtem Gemüse und einem Schüsselchen Misosuppe mit Tofu.

Takako schaut die junge Frau an und bekundet mit einem Lächeln ihre Freude über die Gesellschaft: »Nun, Frau Wu, wahrscheinlich an das, woran wir hier alle denken. An das Altern.« »Das ist nicht nur hier ein Thema, Frau Watanabe. Die Nachrichten sind voll damit. Fernsehen, Zeitung, Internet ... Japan ist ein vergreisendes und sterbendes Land.« Auch wenn die Aussage inhaltlich richtig ist, zuckt Takako angesichts von Frau Wus Direktheit zusammen. Aber Chinesen sind wohl von ihrer Mentalität her so.

Tatsächlich hält Japan seit vielen Jahren den Rekord, das Land mit den ältesten Bewohnern der Erde zu sein. Und es sieht auch nicht so aus, als würde sich dies in absehbarer Zeit ändern. Bereits 2014 waren 25,9 Prozent der Bevölkerung 65 Jahre alt und älter. Man geht davon aus, dass im Jahr 2050 mehr als ein Drittel aller Japaner jenseits der 65 sein wird. Die Gründe hierfür sind eine sehr geringe Geburtenrate bei gleichzeitig überdurchschnittlich hoher Lebenserwartung. Während in Japan die durchschnittliche Kinderzahl eines Paars noch Ende der 1940er-Jahre bei 4,30 lag, sackte sie bis zum Jahr 2011 auf ein Tief von 1,39 ab. Dieser Entwicklung steht die steigende und jetzt schon weltweit höchste Lebenserwartung entgegen. Doch auch wenn 2016 schon 65.692 Menschen jenseits der Hundert in Japan lebten (zum Vergleich: gut 50 Jahre zuvor waren es nur 153), sind auch Japaner nicht unsterblich. Zudem ist Japan nicht gerade ein einwanderungsfreundliches Land – das führt dazu, dass es seit den 1970er-Jahren als »alternde Gesellschaft« gilt und seine Bevölkerung rapide schrumpft. In Zahlen: Lebten 2014 noch 127 Millionen Menschen im Inselstaat, gehen Statistiker in Hochrechnungen davon aus, dass sich die Bevölkerung im Jahr 2050 um 30 Millionen Menschen verringert haben wird – sollte der demografische Wandel nicht noch durch eine höhere Geburtenrate oder durch eine stärkere Migration abgemildert werden.

»Seit wann leben Sie in Japan?«, erkundigt sich Takako. »Seit 2019. Ich gehörte zu den ersten, die dank des neuen Migrationsgesetzes nach Japan kamen.« »Ja, stimmt. Das Migrationsgesetz«, erinnert sich Takako. Das war ein deutliches Zeichen, dass gerade Shinzō Abes rechtskonservative Regierung so etwas einführte – eine Regierung, die zuvor noch kategorisch gegen Einwanderung gewesen war. Aber wegen der Vergreisung der Gesellschaft fehlten einfach in vielen wichtigen Branchen helfende Hände, besonders im Bau- und Agrarsektor, in der Gastronomie und in der Altenpflege. In den ersten Jahren kam gut eine halbe Million Menschen, vor allen Dingen von den Philippinen, aus Vietnam, Indien und China, mit einem »Spezielle-Fertigkeiten-Visum« nach Japan, um dort eine mehrjährige Ausbildung zu machen. Willkommen, Frau Wu.

»Seit wann sind sie hier, Frau Watanabe?« »Oh, noch nicht sehr lange. Wie die meisten anderen Menschen meines Alters habe ich sehr lange zu Hause gelebt. Doch vor vier Jahren änderte sich einiges, als mein Mann von mir ging. Dass er seit seiner frühen Jugend intensiv geraucht hatte, war nicht spurlos an seinen Lungen vorübergegangen. Erst da fiel mir auf, wie anders das Haus nun war, in dem ich mit meiner Familie 34 Jahre lang gelebt hatte. Es war leer, still – und sehr renovierungsbedürftig.« Frau Wu nickt. An ihrer Körpersprache ist zu erkennen, dass sie eigentlich mit ihrer Essensverteilung fortfahren müsste. Aber sie hat die alte Frau ja selber gefragt. »Nachdem ich mehrfach vergeblich versucht hatte, einen Handwerker für die Reparatur der an mehreren Stellen tropfenden Regenrinne zu bekommen, habe ich beschlossen, das selber in die Hand zu nehmen. Ich bin zu dem netten Herrn Suzuki von gegenüber gegangen und habe mir eine Leiter geliehen.«

Frau Wu schaut kurz zu dem Wagen, auf dem noch weitere Tabletts auf ihre Verteilung warten, und entscheidet sich dann, gegenüber von Frau Watanabe Platz zu nehmen.

»Nach einem längeren Krankenhausaufenthalt – ich war von der Leiter gefallen und hatte mir den Oberschenkel gebrochen – fiel mir auf, dass unser Haus in Kanagawa nicht nur leer, still und renovierungsbedürftig war, sondern auch überhaupt nicht barrierefrei. Mein Sohn Kenji – Sie kennen ihn – und sein Freund Ryū halfen mir, aus dem Wohnzimmer so eine Art kombinierten Schlaf- und Wohnraum zu machen. Das war ziemlich eng, aber so musste ich die steile Treppe in den ersten Stock nur noch in Ausnahmefällen hochsteigen.«

»Eine gute Idee.« Takako nickt und denkt einen Augenblick an das schöne Neujahrsfest, das sie in diesem zugestellten Zimmer mit Kenji, Yukiko und ihren Enkelkindern gefeiert hat. Alle hatten, wie es üblich ist, schöne Kimonos und traditionelle Gewänder an. »Dennoch fiel mir das Leben in dem Haus, mit dem ich so viele schöne Erinnerungen verband, zunehmend schwer. Besonders in der Küche und im Bad hatte ich so meine Schwierigkeiten. All die Nachbarschaftsarbeit, die ich noch vorher gemacht hatte, konnte ich jetzt nicht mehr machen. Mir mangelte es an *ikigai* – ich begann, den Sinn des Lebens aus den Augen zu verlieren. Als ich mich einmal mehr über das eine und das andere beschwerte, sagte Kenji zu mir, dass in Deutschland, Schweden oder den USA Menschen meines Alters in eine Altersresidenz ziehen würden. Weil alles barrierefrei sei, man andere Menschen im gleichen Alter kennenlernen könne und im Notfall jemand da sei, der sich um einen kümmert, wenn es Probleme gibt.« Frau Wu nickt lächelnd. »Wissen Sie, in Deutschland leben mehr als doppelt so viele Menschen in einer Einrichtung wie dieser hier als in Japan üblich. In Schweden sogar dreimal so viele – ich habe es im Internet nachgeschaut.«

Iki... was?

Ikigai ist ein Wohlgefühl, dass sich aus dem Glauben ableitet, einer sinnvollen Beschäftigung nachzugehen. Das kann die Erwerbstätigkeit sein, aber auch ein Hobby oder der eigene Einsatz dafür, dass alle in der Familie glücklich sind, weil es ihnen an nichts mangelt. Laut einer Langzeitstudie der Tohoku-Medizinhochschule in Sendai, für die mehr als 43.000 erwachsene Japaner untersucht wurden, leben Menschen, die mit ihrem Leben zufrieden sind, länger als solche, denen es an *ikigai* mangelt.

»Frau Wu? Was machen Sie hier?«, fragt Frau Kazunori in scharfem Ton und zeigt auf ihre Armbanduhr. »Ich komme gleich und hole die Zeit nach.« Statt einer Antwort gibt Frau Kazunori ein nicht klar als sprachliche Äußerung zu verstehendes Grunzen von sich und entfernt sich genauso lautlos, wie sie erschienen ist. »Ich habe, wie viele aus meiner Generation, sehr lange gearbeitet, Frau Wu. Bis ich dann mit 65

Jahren aufhören musste. Ich war noch fit, also warum nicht weiterarbeiten, wie es viele andere auch tun? Wir wollen ja auch unseren Beitrag für die Gemeinschaft leisten und dort helfen, wo Leute fehlen. Wissen Sie, manch einer nimmt im hohen Alter noch einen Job als Taxifahrer an, hilft im Supermarkt oder berät jüngere Kollegen in den Unternehmen, in dem sie vor ihrer Rente angestellt waren. Ich habe mich im Nachbarschaftsverein eingebracht und zum Beispiel beim wöchentlichen Müllsammeln im Park geholfen, einen Sprachaustausch mit internationalen Studenten veranstaltet und Kinder aus unserer Straße im Klavierspielen unterrichtet.« Sie räuspert sich und verschiebt ihr krankes Bein mit beiden Händen: »Kennen Sie noch Schallplatten?« Frau Wu nickt. »Mitte oder Ende der 2010er-Jahre erlebten die längst tot geglaubten Schallplatten eine Renaissance. Damit hatte niemand gerechnet. Auch nicht die Leute bei Sony, die die hohe Nachfrage nach Vinylplatten durch ein eigenes Presswerk befriedigen wollten. Das einzige Problem: Alle, die früher an der Schallplattenproduktion beteiligt waren, genossen bereits ihre Rente – und kamen natürlich auf Wunsch des früheren Arbeitgebers zurück, um die Maschinen wieder in Betrieb zu nehmen und jüngere Kollegen anzuleiten.« »Und ich dachte, dass viele alte Leute arbeiten, weil sie das Geld brauchen«, merkt Frau Wu an.

Frau Wu hat recht. Viele Rentner haben etwas gespart und besitzen ein eigenes Haus oder eine eigene Wohnung. Aber eben nicht alle. Vor allem Menschen, die nach dem Platzen der Wirtschaftsblase keinen richtigen Job mehr bekommen haben, können nicht gut fürs Alter vorsorgen. So zahlen etwa längst nicht alle Erwerbstätigen (Schätzungen zufolge gerade mal 40 Prozent) in die staatliche Rentenversicherung ein.

Das Rentensystem in Japan, das *kōteki nenkin seido*, besteht aus drei Grundpfeilern. Der erste ist eine nationale Grund-pension, die alle bekommen, die mindestens 25 Jahre in das System eingezahlt haben – auch Selbstständige. Der zweite ist die Rentenversicherung, die Unternehmensangestellte erhal-ten, und der dritte die *kyōzai nenkin*, eine finanzielle Hilfe, die Mitarbeitern von Behörden gewährt wird. Zusätzlich gibt es weitere Unterstützungen, zum Beispiel im Krankheitsfall. Wer Medikamente benötigt, zahlt in Japan 30 Prozent des Preises aus eigener Tasche. Menschen jenseits der 70 zahlen nur noch zehn Prozent, da man davon ausgeht, dass sie mehr Medika-mente als jüngere Japaner benötigen und ihre finanzielle Be-lastung daher höher ist. Japaner, die auch trotz hohen Alters ein hohes Einkommen beziehen, müssen die vollen 30 Prozent zuzahlen.

Kriminelle Rentner

Wie Frau Wu schon richtig vermutete: nicht allen Seni-oren geht es im Alter finanziell gut. So kann etwa eine Kündigung ein paar Jahre vor der Rente zu Dauerar-beitslosigkeit und großen finanziellen Schwierigkeiten führen. Stirbt der Partner, kann es für eine Witwe, die allenfalls bis zur ersten Schwangerschaft gearbeitet hat, im Hinblick auf die Renteneinkünfte finanziell schnell eng werden. So mancher Senior verhält sich daher eher unjapanisch, wenn ihn im Supermarkt beispielsweise ein saftiges Steak anlacht – ohne dass die Geldbörse in das Lachen einstimmt –, und legt das Fleisch nicht in den

Einkaufswagen, sondern direkt in die Manteltasche. Und so macht der demografische Wandel auch nicht vor japanischen Gefängnissen halt: Zu den buchstäblich Alteingesessenen gesellen sich nun auch auffällig viele im hohen Alter straffällig gewordene Insassen. Die Gründe hierfür sind so vielfältig wie die Zellengenossen unterschiedlich: Neben finanzieller Not ist es bei vielen auch die Einsamkeit oder die Sehnsucht nach einem geregelten Tagesablauf, die sie dazu bringt, ein Verbrechen zu begehen, um ins Gefängnis zu wandern. Das bringt für die zweckentfremdeten Besserungsanstalten neue Herausforderungen mit sich: Die Senioren benötigen mitunter Unterstützung in ihrem Tagesablauf und Pflege. Daher sind Gefängnisdirektionen dazu übergegangen, jüngere sowie rüstigere Insassen zu Pflegepersonal für ihre Mithäftlinge auszubilden.

»Jetzt muss ich aber ...«, murmelt Frau Wu und möchte sich gerade erheben, um ihren Dienst fortzusetzen. »Einen Augenblick bitte noch«, insistiert Takako mit erhobener Hand. »Wissen Sie ... Auch wenn die Zeitungen viel davon schreiben, bekommt man gerade hier in Tōkyō nicht viel davon mit, dass das Land so alt geworden ist. Bei meiner Schwester Kiyoko Yoshida ist das aber ganz anders. Sie wohnt in der Kleinstadt Noshiro in der Präfektur Akita, oben im Norden von Honshū. Auch wenn sie noch alleine leben kann, sind viele Dinge des täglichen Lebens für sie ein Problem geworden. Geschäfte, Restaurants, Krankenhäuser und Arztpraxen schließen massenhaft mangels Personal oder weil es niemanden für eine

Übernahme durch einen Nachfolger gibt. Wo geht man dann hin? Ihr Sohn muss einmal die Woche zu einem großen Supermarkt in der Nachbarstadt fahren und auf Vorrat einkaufen. Aber wie gesagt, hier in Tōkyō merkt man das nicht so stark wegen der ganzen jungen Leute.«

»Werden denn hier mehr Kinder gezeugt als auf dem Land?« Takako lacht und schüttelt den Kopf: »Nein, natürlich nicht. Schon vor Jahrzehnten hat der Trend eingesetzt, dass junge Japaner aus ihren Kleinstädten und Dörfern zum Arbeiten in die Großstädte kommen. Weil es hier mehr Jobs gibt. Und vielleicht auch ein spannenderes Leben. Tōkyō ist der einzige Ort in Japan, der über die Jahre immer weiter gewachsen ist und auch immer noch wächst. Das ist ein Problem, weil sich dadurch die Effekte auf dem Land spürbar verstärken. Und es führt zu einer ungleichen Verteilung des demografischen Wandels. Ich habe im Fernsehen bei NHK gesehen, dass hier in Tōkyō der Anteil der über 65-Jährigen bei gut 20 Prozent liegt. Im Norden, wie bei meiner Schwester, sind mehr als 30 Prozent so alt.« »Ich verstehe.« Frau Wu kratzt sich am Kopf. »Ich muss jetzt aber wirklich weitermachen, damit auch Ihre Nachbarn ihr Abendessen bekommen. Und Sie, werte Frau Watanabe, müssen jetzt auch etwas essen.« »Hach, ja«, seufzt Frau Watanabe und schaut auf das Tablett. »Wussten Sie, als ich klein war, wurde eine japanische Frau im Schnitt nur 50 Jahre alt. Der Grund war vor allen Dingen eine Mangelernährung, die Leute aßen fast nur Reis. Heute wissen wir das besser. Essen ausgewogen. Gehen regelmäßig zum Arzt, um uns durchchecken zu lassen. Einmal im Jahr ist das sogar kostenlos. Wir gönnen uns zwischendurch Zeit für Entspannung, haben feste Tagesabläufe, machen ein bisschen Sport und schlafen ausreichend. Das ist wichtig, Frau Wu. Schlafen

Sie genug?« »Ich bin mir nicht sicher.« »Das ist fast genauso wichtig wie gutes Essen, Frau Wu. Denken Sie bitte daran.« »Ich werde es mir merken, vielen Dank«, sagt Frau Wu und blickt wieder zur Tür und dem dort geparkten Servierwagen. »Sie müssen weiter, nicht? Gehen Sie nur. Ich danke Ihnen für die Zeit, die Sie mir geschenkt haben.« Frau Wu steht auf, verbeugt sich und geht aus dem Raum. Als sie die Tür schließt, verabschiedet sie sich mit einem letzten Gutenachtgruß.

Takako Watanabe bleibt allein in dem funktional und karg eingerichteten Zimmer zurück. Ihr Blick streift die Bilder, die vor dem Folienfernseher auf der Kommode stehen. Ihr Mann Hideo im Hawaiihemd bei einem der wenigen, kurzen Familienurlaube. Kenji als etwa siebenjähriger Junge. Kenji als Oberschüler, als er noch nicht wusste, was er mit seinem Leben anstellen sollte. Und Kenji mit seinem gerade ein paar Wochen alten Sohn Haruki auf dem Arm. Morgen ist Freitag, da wird ihr Enkel sie wieder besuchen. Diesmal ohne seinen Vater. Takako hat längst verstanden, dass die Freitagsbesuche nicht allein ihr gelten, sondern auch der hübschen Sakura, die in der Cafeteria arbeitet. Morgen, beschließt Takako, wird sie für eine Weile nach draußen in den Garten gehen, wenn Haruki da ist. Alleine. Die jungen Leute brauchen schließlich auch mal Zeit, um sich vernünftig kennenzulernen.

Sie schließt die Augen. Und lächelt.

LEBEN UND LIEBEN

IN ZAHLEN UND FAKTEN

Sie gehören zu den Menschen, die andere gerne bei Partys, Betriebsausflügen, Stammtischrunden, Zugfahrten oder Toilettenbesuchen mit Expertenwissen in Form von trockenem Datenmaterial beeindrucken? Super, wir haben hier einiges für Sie zusammengestellt:

Geburtenrate: 1,39 Kinder pro Frau
Lebenserwartung: Männer: 81,1 Jahre, Frauen: 87,3 Jahre
Kindersterblichkeit: 1,9 auf 1.000 Geburten
Hilfs- und pflegebedürftige Menschen: 6,22 Millionen
Selbstmorde: 20.431 im Jahr 2017 (niedrigster Wert seit 21 Jahren – auf dem Höhepunkt der Rezession, im Jahr 1998, wurden 32.863 Suizide verzeichnet)
Höchste Bevölkerungsdichte: In der Metropolregion Tōkyō. Hier leben 6.168,7 Menschen pro Quadratkilometer.
Einwohner: 126,1 Millionen (Stand: Juli 2018)
Ethnien in Japan: 98,1 % Japaner, 0,5 % Chinesen, 0,4 % Koreaner, 1 % andere

Schulsystem: 6-3-3: 6 Jahre Grundschule, 3 Jahre Mittel-schule, 3 Jahre Oberschule.

Freizeit: Laut einer Umfrage stehen Japanern ab 10 Jahren nach Abzug von biologisch Notwendigem wie Schlafen und Essen sowie gesellschaftlich Notwendigem wie Arbeit und Hausarbeit durchschnittlich 6 Stunden und 22 Minuten Freizeit zur freien Verfügung.

Freizeitbeschäftigungen: Am populärsten ist das Anschau-en von Filmen außerhalb eines Kinos (52,1 %), gefolgt von Musikhören (49 %) und Kinobesuchen (39,6 %). 68,8 Pro-zent der Japaner geben an, regelmäßig Sport zu treiben. Da-von bevorzugen 41,3 %, zu gehen oder sich leicht körper-lich anzustrengen, während 14,7 % in einem Fitnessstudio trainieren.

Arbeitskräfte: 67,2 Millionen Menschen waren 2017 er-werbsfähig.

Erwerbstätig: 65,3 Millionen Menschen waren 2017 erwerbs-tätig. Somit waren 1,9 Millionen Menschen arbeitslos.

Menge der Arbeitsstunden pro Monat: Durchschnittlich 143,4 Stunden bei normalen Angestellten in Unterneh-men mit fünf oder mehr Angestellten ohne Überstunden (Deutschland: 139,6 Stunden)

Haushaltseinkommen: Einem durchschnittlichen japani-schen Haushalt mit zwei oder mehr Personen standen 2017 283.027 Yen (rund 2.200 Euro) monatlich zur Verfügung. 25,7 % der Einnahmen wurden für Lebensmittel ausgege-ben. Ein-Personen-Haushalte hatten im Schnitt ein Mo-natseinkommen von 161.623 Yen (1.252 Euro).

Einkommen von Senioren: Ein Seniorenhaushalt mit zwei nicht mehr arbeitenden Personen konnte im Jahr 2017 über 204.587 Yen (circa 1.585 Euro) im Monat verfügen.

Verbrechen: Japan ist nach wie vor ein Land mit sehr geringer Kriminalitätsrate. Im Jahr 2017 fiel diese im Vergleich zum Vorjahr um 8,1 %. 915.042 strafbare Handlungen wurden insgesamt erfasst.

Durchschnittliches Alter beim ersten Sex: 19,4 Jahre (Deutschland: 17,6 Jahre)

Durchschnittliche Anzahl Sexualpartner: Männer: mehr als 10; Frauen: mehr als 5. In die Umfrage flossen ausschließlich die Antworten von Menschen ein, die bereits koitale Erfahrungen gesammelt hatten.

Sexhäufigkeit in Partnerschaften: In ihren 20ern haben Männer nach eigenen Angaben 4,4-mal und Frauen 3,9-mal pro Monat Geschlechtsverkehr. Die Werte der 30er sind niedriger: durchschnittlich 3,0-mal im Monat bei Männern und 2,4-mal bei Frauen.

Enthaltsamkeit in der Ehe: 55,2 % der Befragten gaben in einer Umfrage des japanischen Kondomherstellers Sagami an, keinen Sex zu haben. 30,3 % hiervon bedauerten das nicht.

Untreue: Während laut der Sagami-Umfrage 78,8 % der Befragten angaben, ihrem Partner treu zu sein, hatten 15,8 % eine Affäre mit einer weiteren Person. 2,2 % der insgesamt 14.100 Befragten hatten mehr als eine Affäre neben ihrer Ehe oder festen Beziehung. 3,4 % gaben an, sich sexuell nicht fest an eine Person gebunden zu fühlen.

Thirtysomething-Jungfrauen: Weniger als 10 % der Befragten in ihren 30ern hatten noch keinen Geschlechtsverkehr.

Sexpartner kennenlernen: Geeignete Kandidaten und Kandidatinnen zum Fremdgehen fanden 21,4 % der Befragten am Arbeitsplatz. 16,4 % der zeitweisen Bettgesellen werden über den eigenen oder gemeinsamen Freundeskreis rekrutiert.

Masturbation: Japanische Männer in ihren 20ern legen durchschnittlich 11,1-mal im Monat Hand an sich an. Frauen im selben Alter überkommt nur 2,2-mal im Monat das Soloverlangen. In den 30ern nimmt die Lust an der Selbstbefriedigung ab: Männer onanieren 9-mal im Monat, Frauen masturbieren 1,1-mal.

Durchschnittliches Alter bei erster Hochzeit: Männer: 31,1 Jahre, Frauen: 29,4 Jahre im Jahr 2017 (Deutschland: 33,4 bzw. 30,9 Jahre)

Hochzeiten und Scheidungen: Im Jahr 2017 wurden 606.863 Ehen geschlossen und 212.262 geschieden.

Dauersingle: 23,4 % aller Männer und 14,1 % der Frauen

Im Jahr 2018 weltweit häufigster Suchbegriff bei Pornhub: Japanese

Beliebteste Pornokategorie: Hentai

Dauer der Pornonutzung: Japaner liegen im Weltvergleich auf Platz 4, was die Nutzung von Pornowebseiten angeht (nach den USA, Großbritannien und Indien). Im Durchschnitt verweilen die mit 81 % überwiegend männlichen Konsumenten aber nur 8:44 Minuten auf einer Pornoplattform. Vielleicht liegt das daran, dass Pornos in Japan überwiegend über Smartphones angesehen werden (63 % aller Aufrufe). Der Anteil der Konsumentinnen liegt bei 25 %.

Meistgesuchte japanische Pornodarstellerin: Ai Uehara

Quellen
Central Intelligence Agency: »The World Factbook Japan 2018«, https://www.cia.gov/library/publications/the-world-factbook/geos/ja.html • Sagami Gomu: »Sex Survey 2013«, http://sagami-gomu.co.jp/project/nipponnosex/ • Statistik des Büros des Ministeriums für innere Angelegenheiten und Kommunikation: »Statistical Handbook of Japan 2018«, https://www.stat.go.jp/english/data/handbook/c0117.html • Pornhub Insights: »2018 Year in Review«, https://www.pornhub.com/insights/2018-year-in-review

DIE SPRACHE DES SEX

VON AI, AIEKI UND BAIBUS

Sie haben aufgrund der Covergestaltung gehofft, mit schlüpfrigen Storys über schrulligen Sex, Automaten mit getragener Damenunterwäsche und übergriffige Tentakelmonster zugeschüttet zu werden? Sorry, damit können wir nicht dienen. Wenn Sie aber in Kürze unterwegs zu einem Cosplay-Event sind und Otaku-Credibility zeigen möchten, haben wir Ihnen eine kleine Auswahl Vokabeln zum Auswendiglernen zusammengestellt.

Übrigens: In der Regel unterhalten sich Japaner untereinander *nicht* über solche Dinge in der Öffentlichkeit. Das ist – je nach Naturell – eher etwas für das eigene Schlafzimmer.

Körperliches (in alphabetischer Reihenfolge)

aieki 愛液**:** Lusttropfen (Präejakulat)
anaru アナル**:** Anus, anal
asoko アソコ**:** Vagina

chikubi 乳首: Nippel
chinchin ちんちん, **chinpo** ちんぽ, **mono** モノ: Penis
kintama 金玉: Hoden
kuchi 口: Mund
kuchibira 唇: Lippen
mune 胸, **chichi** 乳, **oppai** おっぱい: Brust, Brüste
oshiri お尻: Po, Hintern
seieki 精液: Sperma
shita 舌: Zunge
tsuba ツバ: Speichel
yubi 指: Finger

Kleidung

bura ブラ: BH
pantsu パンツ, **pantii** パンティー: Unterhose
kondōmu コンドーム: Kondom

Mitten in der Aktion (in der möglichen Reihenfolge der Handlungen)

ai shite iru あいしている: jemanden lieben
kisu suru キスする: küssen
sawaru 触る: berühren
nugu 脱ぐ: ausziehen
nureru 濡れる: feucht werden
tatteru 立ってる: hart werden (wörtlich: aufstehen)
nameru 嘗める: lecken
shaburu しゃぶる: blasen

hameru 嵌める, **sekkusu o suru** セックスをする: Liebe machen, Sex haben

iku イク: kommen (wörtlich: gehen)

ahegao あへがお: Gesichtsausdruck einer Frau beim Orgasmus

shasei 射精: Samenerguss

Praktiken

bakku de バックで: von hinten

ashikoki 足扱き: Streicheln des Penis mit den Füßen

tekoki 手コキ: Streicheln des Penis mit den Händen, einen runterholen

Bukkake 打っ掛け: auch im Westen eine eigene Pornokategorie, bei der mehrere Männer auf den Körper und/oder das Gesicht einer Frau ejakulieren

sokubaku 束縛: Fesselspiele

shinju 真珠: Fesselung der Brüste

shakuhachi 尺八, **fera** フェラ: Fellatio (*shakuhachi* ist übrigens auch der Name einer japanischen Bambusflöte)

kunni クンニ: Cunnilingus

manzuri 万擦り: masturbieren

tekoki 手こき: onanieren

yubiiri 指入り: Einführen des Fingers in Vagina oder Anus des Partners

rorikon ロリコン: Lolitakomplex

tamakeri 玉蹴り: Praktik, bei der Männern als Teil des Liebesspiels in die Hoden getreten wird

hentai 変態: pervers, abartig

Der Atlas für Waghalsige, Leichtsinnige und Lebensmüde

Ob malerisch, unberührt oder wild: So manches Reiseziel erweist sich als riskantes Unterfangen. Ideal für diejenigen, die auf der Suche nach Nervenkitzel sind, ihre Versicherung betrügen möchten oder bei deren Schwiegermutter es nach einem Unfall aussehen muss.

»How to Kill Yourself Abroad« nimmt Sie mit auf eine Tour rund um den Globus entlang der gefährlichsten Orte, die Mensch und Natur geschaffen haben. Jenseits der ausgetretenen Pfade erwarten Sie Seen aus purer Säure, angriffslustige Eingeborene, haufenweise Giftschlangen, unsichtbare Giftgaswolken und viele andere Attraktionen, mit denen Reisende ihre Lebenserfahrung vergrößern und ihre Lebenserwartung verkleinern können.

Markus Lesweng
How to Kill Yourself Abroad
Der Atlas für Waghalsige, Leichtsinnige und Lebensmüde

📖 ISBN 978-3-95889-201-9
📱 ISBN 978-3-95889-211-8

Eine Kündigung, 22 Länder und ein besonderer Reisebegleiter

An ihrem ersten Tag nach der Elternzeit bekommt Gabriela die Kündigung auf den Tisch. Auf einmal ist sie fast 40, Mutter, ohne Job – und sämtliche Bewerbungen laufen ins Leere. Erst als sie mit ihrem kleinen Sohn aus dem Alltag ausbricht und auf Reisen geht, spürt Gabriela wieder so etwas wie Ruhe und Leichtigkeit.

Immer wieder verschlägt es die beiden an die ungewöhnlichsten Orte, ob in Asien, Südamerika oder im Osten Europas. Unterwegs erkennt Gabriela, dass man manchmal im Leben mit beiden Händen loslassen muss, um wieder neu greifen zu können.

Gabriela Urban
Wie Buddha im Gegenwind
Eine Kündigung, 22 Länder und ein besonderer Reisebegleiter

ISBN 978-3-95889-199-9
ISBN 978-3-95889-206-4

CON BOOK.

Der ultimative Japan-Knigge
von Kerstin und Andreas Fels

Eigentlich ist es völlig unmöglich, nach Japan zu reisen, ohne sich dabei unsäglich zu blamieren. Diese Erfahrung muss auch Herr Hoffmann machen: vom Tragen der falschen Schuhe auf der Toilette bis zum ketzerischen Vergehen, die Ess-Stäbchen in den Reis zu stecken – Herr Hoffmann lässt keine Möglichkeit aus, sich als unwissender Ausländer zu outen.

In 50 humoristischen und auf Augenhöhe erzählten Episoden berichten Kerstin und Andreas Fels über Stolpersteine der japanischen Etikette, wie man diese umgeht und warum so manches im Land der aufgehenden Sonne einfach ein wenig anders funktioniert.

»**Super unterhaltsam, lehrreich und lustig – und der ultimative Lesetipp für alle, die sich einmal auf den Weg nach Japan wagen wollen!**« *(Daisuki-Magazin)*

»**Fazit: Lesenswert!**« *(Animania)*

KERSTIN UND ANDREAS FELS

FETT NÄPF CHEN FÜH RER

JA PAN

DIE AXT IM CHRYSANTHEMENWALD

ISBN 978-3-95889-178-4
ISBN 978-3-95889-227-9

CON BOOK.
www.conbook-verlag.de